Karin Holz / Carmen Zahn

Rituale und Psychotherapie
Transkulturelle Perspektiven

Forschungsberichte zur Transkulturellen Medizin und Psychotherapie
Research Reports in Cross-Cultural Medicine and Psychotherapy

Band 1

herausgegeben von / edited by

Internationales Institut für Kulturvergleichende Therapieforschung
International Institute of Cross-Cultural Therapy Research

Gesamtherausgeber der Reihe / Series Editor

Dr. Walter Andritzky

Herausgeberbeirat / Editorial Board

Prof. em. Dr. H. Schadewaldt, Univ. Düsseldorf
Prof. Dr. Dr. K. Hörmann, Univ. Köln
Prof. Dr. M. P. Baumann, Int. Inst. für Trad. Musik, Berlin
Prof. Dr. R. v. Quekelberghe, Univ. Landau
Prof. Dr. Dr. K. Engel, Univ. Bochum
Prof. Dr. H. J. Buchkremer, Univ. Köln

Karin Holz / Carmen Zahn

Rituale und Psychotherapie

Transkulturelle Perspektiven

VWB – Verlag für Wissenschaft und Bildung

Für Andreas, Stefan und Luca.

Die Deutsche Bibliothek – CIP-Einheitsaufnahme

Holz, Karin:
Rituale und Psychotherapie : transkulturelle Perspektiven /
Karin Holz/Carmen Zahn. - Berlin : VWB, Verl. für Wiss. und
Bildung, 1995
(Forschungsberichte zur transkulturellen Medizin und Psychotherapie ;
Bd. 1)
ISBN 3-86135-270-2
NE: Zahn, Carmen:; GT

Verlag und Vertrieb:
VWB – Verlag für Wissenschaft und Bildung
Amand Aglaster • Postfach 11 03 68 • 10833 Berlin
Markgrafenstr. 67 • 10969 Berlin
Tel. 030/251 04 15 • Fax 030/251 04 12

Druck:
GAM-Media GmbH, Berlin

Copyright:
© VWB – Verlag für Wissenschaft und Bildung, 1995

Inhaltsverzeichnis

Vorwort: 7

Einleitung 9

I. Forschung und Theoriebildung 13

1. **Historischer Abriß der Ritualforschung** 14
2. **Anthropologische Ansätze** 16
   - Arnold van Gennep: Rites de Passage 16
   - Victor Turner: Symbolischer Ansatz 18
   - Barbara Myerhoff: Natur und Kultur 19
   - Ronald F. Grimes: Rituale als Darstellungsform 20
3. **Ein religionswissenschaftlicher Ansatz** 22
4. **Psychologische Ansätze** 25
   - Wilhelm Wundt: Völkerpsychologie 25
   - Sigmund Freud: Religion und Neurose 27
   - Carl Gustav Jung: Symbolbildung und Religiosität 29
   - Erik Erikson: Ritualisierung und ontogenetische Entwicklung 31
   - Walter Andritzky: Kulturübergreifende Psychotherapieforschung (KPTF) 33
5. **Psychotherapeutische Ansätze** 35
   - Mara Selvini–Palazzoli: Therapeutische Rituale 35
   - Onno van der Hart: Kontinuität und Trennung 36
   - Susy Signer-Fischer: Hypnotische Aspekte im Ritual 38
6. **Ein interdisziplinärer Ansatz: D'Aquili, Laughlin & McManus** 38
7. **Zusammenfassende Definition und Eingrenzung des Ritualbegriffs** 39

II. Prozeßelemente ritueller Heilung 41

8. **Ritualbausteine** 42
9. **Heilkraft und Wirkung von Ritualen** 51
   - Modell zur Beschreibung von Wirkfaktoren am Beispiel des nordperuanischen mesa-Rituals 51

Theorien und Möglichkeiten zur Erklärung der therapeutischen Wirkung im körperlich-seelischen Bereich:	52

III. Psychotherapie und Ritual — 77

10. Psychotherapie als Ritual — 78

Übereinstimmungen zwischen traditionellen und modernen Heilritualen	78
Unterschiede zwischen traditionellem Heilen und Psychotherapie	91

11. Rituale in der Psychotherapie: Möglichkeiten und Grenzen — 95

Historischer Abriß der Anwendung von Heilritualen in der westlichen Kultur	95
Interventionsmethode Ritual: Eingrenzen der Technik	100
Anwendung von Ritualen in der Psychotherapie mit Erwachsenen	102
Rituale in der Therapie mit Kindern	110

IV. Leitfaden für die Konstruktion von therapeutischen Ritualen — 120

12. Indikation und Kontraindikation — 121

13. Die Konstruktion von Ritualen für die Therapie – ein Leitfaden — 122

Auswahl des passenden Rituals:	123
Allgemeiner Wegweiser durch den Dschungel der Möglichkeiten:	124
Konkrete Durchführung verschiedener Rituale	128

Vorwort:

Als wir Jeff Zeig, den Direktor der Milton Erickson Gesellschaft in Phönix/Arizona um Anregungen zu diesem Thema anfragten, erhielten wir als Rückantwort (nebst eben jenen Anregungen, die für uns von großem Wert waren und für die wir ihm sehr danken) folgende Feststellung:

> *"I think you could choose an easier task for a thesis than writing on 'Rituals in Psychotherapy' -- for example, I think that driving a taxi in New York City would be less stressful."*

Obwohl wir wußten, daß Jeff sicherlich recht hatte (und uns auch noch weitere warnende Stimmen erreichten), ahnten wir doch nicht, *wie* recht er hatte. Je mehr wir uns aber mit der Materie beschäftigten, je höher also die Bücherstapel auf unseren Schreibtischen wurden, desto tiefer wurde der Abgrund dessen, was wir noch nicht wußten und auch nicht in unsere Arbeit würden aufnehmen können. So vielfältig und bunt wie die Rituale selbst, so farbenreich ist auch die Literatur dazu: Das Besondere an diesem Thema ist, daß es viele Bereiche des menschlichen Lebens betrifft, und sich entsprechend viele wissenschaftliche (und nichtwissenschaftliche) Theorien dazu entwickelt haben, so daß es schon alleine eine Herausforderung war, diese Fülle zu sortieren und eine sinnvolle Auswahl zu treffen. Unser Buch wird diese Vielfalt wiederspiegeln, die LeserInnen aber hoffentlich nicht zu sehr verwirren.

Rituale als psychotherapeutische Interventionsform werden von einigen Therapeuten geradezu euphorisch gefeiert: So heißt es überschwenglich im Vorwort zur deutschen Ausgabe des 1993 erschienenen Buches *Rituale* von Imber-Black, Roberts & Whiting:

> *"Endlich ein umfassendes [...] Buch über therapeutische Rituale in deutscher Sprache! Die Zeit scheint reif dafür zu sein"* (S. 9).

Martin Weber kritisiert in seiner Rezension dieses Buches (1994):

> *"Hat die Psychotherapie wieder einmal ein Elexier gefunden, das fleißig abgemischt wird, für Dutzende von Krankheiten angepriesen, für neu und gut befunden und ähnlich fleißig verkauft wird?"*

Die Aussagen der beiden Autoren reflektieren eine Kontroverse in der Fachwelt, der es sich (auch im Hinblick auf unsere eigene therapeutische Arbeit) lohnt, auf den Grund zu gehen. Nach eingehender Beschäftigung haben wir nur wenig Literatur ausmachen können, die die Synthese von anthropologischer und psychologischer Forschung und der Anwendung von Ritualen in der psychotherapeutischen Praxis gebildet hat. Einen solchen Versuch wollten wir mit diesem Buch unternehmen.

Im Laufe des Arbeitsprozesses sind wir auf sehr viel positive Resonanz gestoßen. Die Feststellung eines erstaunlich großen Interesses, nicht nur von Fachleuten, sondern auch im Freundeskreis, sowie die Entdeckung von Ritualen in unserem eigenen Umfeld, gab uns das Gefühl, an etwas zu arbeiten, das eine unmittelbare praktische Relevanz und eine Vernetzung mit dem Lebensalltag in unserer Gesellschaft hat.

Wir bedanken uns ganz herzlich bei den Menschen, die uns so wertvolle Anregungen beim Zusammenfügen dieses Puzzles gegeben haben: Walter Andritzky, Onno van der Hart, Jeff Zeig, Carl Hammerschlag, Joyce Mills, Terry Tafoya, Liz Lorentz–Wallacher, Martin Weber und Günther Still.

Wir danken auch unseren Freunden: Stefan, Andreas, Christian, Kuni und Hanjo für ihre witzigen Kommentare und den Gedankenaustausch.

Unser Dank gilt außerdem Thomas, Axel und Markus dafür, daß sie uns in die Mysterien des Computers eingeweiht haben.

Und schließlich bedanken wir uns auch bei unserem betreuenden Dozenten Prof. Dr. Dirk Revenstorf.

Einleitung

'Das ist ein Ritual' sagt sich so dahin, doch meistens bezeichnen wir die unterschiedlichsten Inhalte mit diesem Begriff. Tatsächlich *kann* jede Handlung unter bestimmten Bedingungen zum Ritual werden. Das Ritual kann aber nicht mit allen möglichen anderen (gewohnheitsmäßigen) Handlungen gleichgesetzt werden, denen diese Bedingungen fehlen.

Das Wort *Ritus* wurde im 17. Jh. aus dem Lateinischen (*ritus*) übernommen. Es bedeutet: "Feierlicher, religiöser Brauch, Zeremoniell". Aus dem lateinischen *ritualis* (=den Ritus betreffend) entwickelte sich im 18. Jh. das deutsche Wort *Ritual* (vgl., Duden, das Herkunftswörterbuch). Da auch in der Literatur keine einheitliche oder eindeutig definierte Unterscheidung zwischen Ritus und Ritual getroffen wird, werden wir die beiden Begriffe in dieser Arbeit synonym gebrauchen.

Rituale gab es schon lange bevor die Menschen über sie nachzudenken begannen: Bereits in 'grauer' Vorzeit kannten die Menschen den Umgang mit Symbolen (z.B. in Jagd- und Totenkulten). Man nimmt an, daß unsere frühzeitlichen Ahnen Mythen, Riten und Kulte aus einem Bedürfnis nach Erklärung für eindrückliche Naturphänomene, wie z.B. Unwetter, Dürre, Mondwechsel, Menstruation, Geburt und Tod, heraus entwickelt haben (Huizinga, 1958). Um den Lauf ihres Schicksals und die alles beherrschende Natur beeinflussen zu können, griffen die frühzeitlichen Menschen auf das Ritual zurück, indem sie z.B. vor der Jagd in Höhlen bestimmte Kulte zelebrierten, die den Jagderfolg erhöhen sollten.

Das Ritual als *Phänomen* zu definieren fällt schwer. Grimes (1982) schreibt:

> *"...ritual is the hardest religious phenomenon to capture in texts or comprehend by thinking..." (S. 1).*

Es scheint weitaus einfacher und vor allem eindrücklicher, unmittelbar zu erleben was ein Ritual ausmacht, indem man dem Geschehen beiwohnt – und sei es nur als Zuschauer. Jedes Ritual lebt von und in seinen Handlungen und Symbolen und diese wiederum lassen sich nicht so einfach ihren Sinn entreißen und kaum vollständig in Sprache verpacken.

Trotz all der Einschränkungen, möchten wir nun folgende kurz zusammengefaßte Definition als Arbeitsgrundlage voranstellen, bevor wir auf weitere

Begriffsklärungen aus verschiedenen wissenschaftlichen Perspektiven eingehen werden:

Rituale sind formalisierte, symbolische Handlungen, die für die Teilnehmenden eine subjektive und eine kulturelle Bedeutung haben.

Rappaport (1971) stellt sechs wesentliche Aspekte des Rituals heraus:
1. Wiederholung von Inhalt, Form und Handlung
2. Handlung
3. Stilisierung von Verhalten und Symbolen, so daß sie sich von ihrem gewöhnlichen Einsatz abheben
4. Ordnung als sicherer Rahmen für das Geschehen
5. Besondere äußere Präsentation, durch die die Aufmerksamkeit der Teilnehmer fokussiert wird
6. Kollektive Dimension, d.h. eine allgemeingültige kulturelle Bedeutung des Rituals

In unserer Arbeit wollen wir nun versuchen, das anthropologische und psychologische Wissen über Rituale *und* die Aspekte psychotherapeutischer Anwendung (auch außerhalb der Familientherapie) zusammenzufassen, um vielleicht eine Basis für Forschung und Praxis zu schaffen.

Im ersten Teil wenden wir uns ausführlich den traditionellen Ritualen zu: wir werden darlegen was die Erforschung und Beobachtung von Ritualen an Wissen über dieses universelle Phänomen eingebracht hat.

Auf dieser Grundlage wollen wir uns dann mit dem Verhältnis zwischen Psychotherapie und Ritualen beschäftigen. Dabei verstehen wir unter Psychotherapie die therapeutischen Ansätze, die sich in der westlichen industrialisierten Gesellschaft herausgebildet haben. Wir gehen den Fragen nach, inwieweit Psychotherapie selbst als Heilritual verstanden werden kann, und inwieweit Rituale als Interventionsform für psychische oder körperlich-seelische Probleme Verwendung gefunden haben. Wir werden zeigen, daß es durchaus Sinn macht in der westlichen psychotherapeutischen Praxis mit Ritualen zu arbeiten. Für die Anwendung wird eine Einteilung therapeutischer Rituale vorgenommen und ein Leitfaden für die praktische Durchführung entworfen.

Es ist uns klar, daß wir in unserem Rahmen zu vielen Details nicht vordringen können und daß eine empirische Fragestellung beim aktuellen Stand der therapeutischen Anwendung von Ritualen noch nicht oder nur schwer bearbeitet werden könnte.

Wir verwenden im folgenden in verschiedenen Zusammenhängen immer wieder die Begriffe: modern, industrialisiert, technologisiert, westlich vs. traditionell, indigen. Damit meinen wir keine absoluten oder geographischen Größen. Wir wollen damit zwischen den Kulturen, die sich, entsprechend den Gedanken der Aufklärung in Europa, in ihrem Handeln an den Grundsätzen der Vernunft, Logik, Funktionalität und des technischen Fortschritts orientieren, und denjenigen Gesellschaften, deren Mitglieder ihr Verhalten stärker an alten Traditionen, Religion und Mythologie ausrichten, unterscheiden. Die Unterscheidung bedeutet nicht unbedingt, daß traditionelle Gesellschaften (sofern es sie überhaupt noch gibt) nicht über Industrie und Technologie verfügen, bzw., daß moderne Gesellschaften keine Tradition oder Religion kennen. Vielmehr liegen den beiden Gesellschaftformen verschiedene Weltbilder zugrunde. Wir sind uns bei dieser Zweiteilung der Tatsache bewußt, daß sie eine grobe Vereinfachung darstellt und der Vielfalt der Kulturen auf dieser Erde nicht gerecht wird. Wir haben uns dennoch dafür entschieden, weil wir keine ethnologische, historische oder soziologische, sondern eine psychologische Fragestellung zugrundelegen, deren Ziel es ist, die allgemeine Struktur von Ritualen und deren Funktion für die menschliche Psyche kulturübergreifend herauszuarbeiten. Dies ist, neben dem Anliegen möglichst anschauliche Beispiele vorzustellen, auch der Grund dafür, daß wir in unseren Ausführungen oft zwischen verschiedenen Epochen und Kulturen hin– und herspringen.

Es kann uns außerdem nicht darum gehen, Rituale anderer Kulturen so zurechtzustutzen, daß sie mit unseren psychologischen Methoden vollständig erfaßt, gemessen und bewertet werden können, denn unsere Methoden basieren auf dem *einen* Weltbild und die Rituale auf einem *anderen*. Auch wenn es zwischen den Heilritualen zweier Kulturen Parallelen gibt, ist das kein Grund anzunehmen, das eine *sei* das andere. Hauschild (1979) stellt fest: "Wenn sich [...] die Mythen nur in einigen Punkten 'überlappen', letztlich aber nicht aneinander gemessen werden können, weil es keinen 'letzten Grund der Weltbilder' gibt, ist die romantische Annäherung der Systeme vielleicht gar nicht möglich" (S. 252). Am Ende sind die Weltbilder nicht beweisbar und damit wird sich immer ein Teil einer fremden Kultur unserem Zugriff entziehen. Wir können versuchen, einige Teilaspekte aufzugreifen und Ähnlichkeiten und Unterschiede zwischen Heilritualen und Psychotherapie auszuloten, es gibt aber immer Grenzen der Übersetzbarkeit, z.B. bei magischen Phänomenen und mystischen Erfahrungen.

In unserer Arbeit werden wir diese Phänomene nicht ausführlich behandeln. Und zwar nicht, weil wir dies für 'unwissenschaftlich' hielten, sondern weil wir unsere Grenzen nicht überschreiten wollen, die Grenzen dessen, was wir innerhalb unseres Weltbildes und mit unserer Ausbildung greifen und begreifen können.

I. Forschung und Theoriebildung

"Schließlich graben wir die Weisheit aller Zeiten und
Völker aus, und finden, daß alles Teuerste und
Kostbarste schon längst in schönster Sprache gesagt
ist. Man streckt wie begehrliche Kinder die Hände
danach und meint, wenn man es greife so habe man es
auch. Aber was man hat gilt nicht mehr und die Hände
werden müde vom Greifen, denn der Reichtum liegt
überall, soweit der Blick sich breitet."

(C.G. Jung)

1. Historischer Abriß der Ritualforschung

Rituale wurden zunächst im Europa des 19. Jahrhunderts zum Gegenstand systematischer Forschung. Wissenschaftliche Disziplinen wie Völkerkunde, Religionswissenschaft und Anthropologie[1] benutzten sie als Schlüssel zum Vergleich von fremden Kulturen mit der eigenen. Die Rituale galten anfangs ausschließlich als exemplarischer Ausdruck der Religion (vgl. Bell, 1992). Zu den Grundgedanken der Religionen vieler Völker konnten die Europäer oft keinen sprachlichen Zugang finden, Riten waren dann das einzige Mittel, sich die fremde Gedankenwelt zu erschließen[2].

Etwas später, zu Beginn des 20. Jahrhunderts, haben sich die frühen sozial-funktionalistischen Ansätze in der Anthropologie damit beschäftigt, wie Rituale die Stabilität gesellschaftlicher Gruppen fördern, wie sie soziale Ordnungen widerspiegeln, und sich in ihnen Übergangssituationen manifestieren.

Die psychologischen Forscher dieser Zeit betrachteten Rituale vor allem im Sinne von *religiös-magischen* Zeremonien. Fremde Riten und Kulte wurden psychologisch begründet und dienten der Untermauerung der entsprechenden Theorien. Es entstanden die 'Völkerpsychologie' Wundts auf der einen, und Freuds 'Totem und Tabu – Einige Übereinstimmungen im Seelenleben der Wilden und der Neurotiker' auf der anderen Seite. Jung erst verstand, im Gegensatz zu Freud, Symbole, Mythen und Rituale vor allem in ihrer positiven Bedeutung für die menschliche Psyche.

In der Anthropologie bildete sich seit den sechziger Jahren ein symbolischer Ansatz heraus. Dieser beschäftigt sich mit dem Ritual als Grundausdrucksform für die Dynamik kultureller Prozesse und legt den Fokus auf rituelle Symbolik. Für Victor Turner als dem wichtigsten Vertreter dieses Ansatzes reichte es nicht aus "...lediglich die symbolischen Moleküle des Rituals als Informationsträger zu be-

---

[1] Den Begriff Anthropologie benutzen wir im folgenden gemäß dem amerikanischen *anthropology*

[2] Es gab natürlich auch andere Methoden der Erforschung fremder Völker: Dank des Aufblühens neuer Meßtechniken bemühten sich zur selben Zeit Forscher aus anderen Wissenschaftszweigen, mit akribischer Genauigkeit das Schädelvolumen und die Längenverhältnisse der Knochen von verschiedenen Volksstämmen zu messen und zu vergleichen. Broca und einige seiner Kollegen gelangten durch ihre Forschungen zu Schlüssen wie: "Männer der schwarzen Rassen haben ein Hirn, das kaum schwerer ist als das der weißen Frauen" (Herve, 1881, zit. in: Kriz, 1989).

1. Historischer Abriß der Ritualforschung

trachten" (zit. in: Imber-Black, 1993, S. 32), vielmehr sah er das Ritual auch als Medium, um innovativen gesellschaftlichen Werten "...eine dauerhafte, starke symbolische Form zu geben..." (ebd). Der Effekt von Ritualen auf soziale Kohäsion und soziales Gleichgewicht wurde im Zusammenhang mit grundlegenderen menschlichen Funktionen, nämlich Symbolisierung und sozialer Kommunikation gesehen. Die Kulturanthropologie kümmerte sich darum "...wie die Menschen Landkarten ihrer Wirklichkeit konstruieren, wie sie jene Teile des Kosmos erklären, denen gegenüber keiner von uns gleichgültig sein kann: Geburt und Tod, Tag und Nacht, der Wechsel der Jahreszeiten, Krieg und Frieden, Nähe und Distanz..." (Imber-Black, Roberts & Whiting, 1993, S. 33) und wie sie dieses Wissen weitergeben.

In den achtziger Jahren ist in den USA ein neues, interdisziplinäres Forschungsgebiet entstanden, welches sich mit Ritualen unter neurobiologischen, evolutionstheoretischen, anthropologischen, psychologischen und theaterwissenschaftlichen Gesichtspunkten auseinandersetzt (z.B. Grimes 1982, d'Aquili et al. 1979, Bell 1992).

Rituale werden heute parallel in sehr vielen verschiedenen Disziplinen betrachtet, von denen wir die wichtigsten kurz nennen, um die Begriffsverwirrungen zumindest ein bißchen zu entflechten:

- Die psychologische Anthropologie beschäftigt sich mit der Frage der Persönlichkeit in Abhängigkeit der kulturellen Gegebenheiten.
- Die medizinische Anthropologie ("medical anthropology") beschreibt indigene Krankheiten Störungen, Heilverfahren und Heiler sowie damit zusammenhängende Fragen.
- Die Cross-Cultural-Psychology vergleicht verschiedene Kulturen in psychologischen Grundfragen wie Wahrnehmung, Motivation, Sozialisation, Intelligenz und vieles mehr.
- Die symbolische Anthropologie fragt nach den symbolischen Bedeutungen der Rituale in der jeweiligen Gesellschaft.
- Die Ethnologie und die Ethnomedizin führen Feldforschungen durch, um Heilmethoden und deren Bedeutungskontext in der jeweiligen Kultur detailliert erfassen zu können.
- Die Cross-Cultural Psychiatry interessiert sich für Prävalenz, Variation und Inzidenz psychiatrischer Störungsbilder in anderen Kulturen.
- Die Kulturübergreifende Psychotherapieforschung fragt nach Wirkfaktoren, Effektivität und Übertragbarkeit bei den indigenen Heilmethoden und beschäf-

tigt sich mit den Möglichkeiten der Evaluationsforschung in diesem Bereich (Andritzky, 1989b).

2. Anthropologische Ansätze

Arnold van Gennep: Rites de Passage

Arnold van Gennep, einer der ersten Ritenforscher, die sich Anfang des zwanzigsten Jahrhunderts darum bemühten, hinter den verschiedenen Ritualen eine allen gemeinsame Grundstruktur zu finden, verstand unter Ritualen allgemein religiöse Techniken, die er unter dem Sammelbegriff Magie zusammen mit Zeremonien und Kulten subsummierte. Er klassifizierte die Riten danach, ob sie animistisch oder dynamistisch, sympathetisch oder kontagiös, positiv oder negativ, direkt oder indirekt sind.

Die Begriffe *animistisch vs. dynamistisch* teilen Riten danach ein, ob sie sich auf personifizierte oder unpersönliche Mächte (z.B. Götter vs. Mana) beziehen.

Die Bezeichnungen *sympathetisch vs. kontagiös* richten sich auf die Glaubensbasis des Rituals: Sympathetische Riten basieren auf dem Glauben, daß das Teil auf das Ganze, das Abbild auf das Abgebildete (wie beim Voodoo-Zauber), das Wort auf die Tat und das Behältnis auf den Inhalt wirkt (und umgekehrt). Kontagiöse Riten "...basieren auf dem Glauben, daß natürliche und erworbene Qualitäten stofflicher Art – entweder durch unmittelbaren Kontakt oder auf Distanz übertragbar sind" (1986, S. 18).

Von *positiven vs. negativen* Riten spricht van Gennep im Zusammenhang mit der Handlung: Positive Riten sind solche, die bestimmte Handlungen erfordern. Negative Riten dagegen fordern die Unterlassung einer Handlung (z.B. Tabus).

Das Gegensatzpaar *direkt vs. indirekt* bezieht sich auf die Wirkraft von Ritualen: Glauben die Menschen, daß ihr Ritus ohne die Hilfe einer äußeren Macht wirkt (z.B. Fluch oder Zauber), so spricht er von einem direkten Ritual. Indirekt ist es dagegen, wenn das Ritual dazu dient, Götter, Geister, Dämonen, usw. zum Eingreifen zu bewegen (z.B. Gebet oder Beschwörung). Ein Ritus kann gleichzeitig in alle vier Kategorien eingeordnet werden, so daß sich theoretisch 16 verschiedene Klassifizierungen ergeben.

Besondere Aufmerksamkeit widmete van Gennep den seiner Meinung nach bedeutsamsten, den Übergangsritualen (rites de passage), die er wiederum aus Trennungs- Übergangs- und Angliederungsriten zusammengesetzt sah. Er interessierte

2. Anthropologische Ansätze

sich weniger für die Charakteristika einzelner Rituale, als für die essentielle Bedeutung und die allen gemeinsame Abfolgeordnung: *Trennung-Übergang-Angliederung* (s. Abbildung 1). Die Bedeutung der Rituale sah er darin, daß sie Übergänge, z.B. von einer Gruppe in eine andere, von einem Territorium ins andere oder von einem Zustand in den anderen, markieren. Rituale findet man immer dann, wenn das Niemandsland zwischen zwei genau definierten Situationen überbrückt, d.h. eine Schwelle überschritten werden muß (z.B. Jugendalter-Erwachsenenalter, Leben-Tod, Schwangerschaft-Geburt).

> *"Jeder, der sich von der einen Sphäre in die andere begibt, befindet sich eine zeitlang sowohl räumlich als auch magisch-religiös in einer besonderen Situation: er schwebt zwischen zwei Welten. Diese Situation bezeichne ich als Schwellenphase..."* (ebd., S. 27/28).

Die Übergänge bietet dabei entweder das soziale Leben (z.B. Eintritt in eine Lebensgemeinschaft) oder die Natur (z.B. Wechsel der Jahreszeiten, Tod). Jede Übergangssituation stellt aufgrund der mit ihr verbundenen Unsicherheit eine potentielle Krise für Individuum und Gemeinschaft dar. Die Funktion der Übergangsriten liegt hauptsächlich darin, diese drohenden Krisen aufzufangen (ebd., S.23).

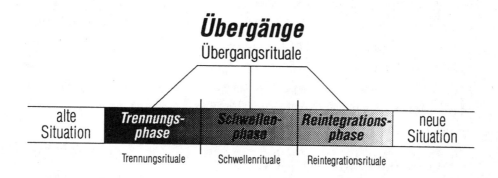

Abb.1: Dreiphasige Abfolgeordnung von Übergängen (nach: Van Gennep, 1986, Orig. v. 1909)

In der Trennungsphase eines Rituals wird ein besonderer Raum – der Ritualraum – eröffnet. Dazu ist es nötig, aus dem Alltag herauszutreten (z.B. Feiertag, räumliche Trennung, Fasten, Reinigungen). Es ist die Zeit der inneren und äußeren Vorbereitungen, ein unverzichtbares Element des Rituals, das den Boden für die psychische Veränderung bereitet.

Der Übergang beinhaltet die eigentliche rituelle Zeremonie meist in Anwesenheit der gesamten Gruppe. Während der Übergangsphase übernehmen die Teilnehmer eine neue Identität, welcher Art auch immer. Die Angliederungsphase bedeutet die Wiederaufnahme der Hauptakteure mit ihrer neuen Identität in die Gemeinschaft. Van Gennep bezeichnete diese Dreiphasigkeit als "Strukturschema der Übergangsriten" (S. 183), wobei die verschiedenen Elemente unterschiedliches Gewicht erhalten können. Dieses Modell liegt den neueren Ritualtheorien und vor allem auch der therapeutischen Arbeit mit Ritualen bis heute zugrunde.

Als illustratives Beispiel für ein Übergangsritual könnte man die Hochzeit anführen: Am Tag der Hochzeit wird die Braut getrennt vom Bräutigam geschmückt und eingekleidet, bevor sie der Vater abholt und an seinem Arm in die Kirche und zum Altar führt (Trennungsphase). Am Altar wartet der Priester oder Pfarrer. Der Vater übergibt die Braut dem Bräutigam im Schutz der Kirche. Der Priester beginnt mit den Brautleuten ein feierliches Ritual. Während dieser Zeit haben die beiden ihre Herkunftsfamilien bereits verlassen, sind aber noch kein Ehepaar. Mit der Trauung erst überschreiten sie die Schwelle dazu (Übergang). Danach verläßt das Paar die Kirche gemeinsam. Die Braut geht am Arm des Bräutigams. Das Brautpaar wird vor der Kirche von den Hochzeitsgästen empfangen und man geht zum gemeinsamen Fest über (Angliederung).

Zusammenfassend kann man sagen: Van Gennep ging davon aus, daß Rituale sich zwar der Form nach unterscheiden, aber in ihrer Funktion (Übergänge erleichtern) und in ihrer Struktur (Dreiphasigkeit) identisch sind. Sie bewahren die Ordnung der gesellschaftlichen Gruppe und fördern die soziale Stabilität. Van Gennep interessierte sich vorrangig für Übergangsriten. Mit anderen Ritualen (z.B. Fruchtbarkeitsriten, Versöhnungsriten) beschäftigte er sich deswegen weniger, weil diese seiner Meinung nach alle "...neben und in Verbindung mit Übergangsriten..." auftreten (S. 22).

Victor Turner: Symbolischer Ansatz

Victor Turner entwickelte Ende der sechziger Jahre einen symbolischen Ansatz. Er transformierte und erweiterte van Genneps Idee vom Limen (Schwelle s.o.) und wendete sich von der *rein* sozio-funktionalistischen Sichtweise ab. Er definierte das Ritual als:

> *"...ein vorgeschriebenes formales Verhalten für Ereignisse, die noch nicht einer technologischen Routine überlassen wurden und sich auf den Glauben an mystische Wesen oder Kräfte beziehen" (zit. in: Imber-Black, et al., 1993, S. 20).*

2. Anthropologische Ansätze 19

Später bezog er seine Ritualdefinition außer auf religiöse auch auf weltliche Bereiche, wie Politik, Werbung und Recht.

Die wichtigsten Bestandteile und zugleich die kleinste Einheit des Rituals sind für Turner die Symbole. Da sie vielfache Bedeutungen haben, eröffnen sie einen individuellen Bedeutungsspielraum für jeden einzelnen Teilnehmer, so daß sich ein emotionaler Bezug zum Geschehen ergibt (eine wichtige Qualität von Ritualen). Symbole können widersprüchliche Phänomene verknüpfen, die durch Worte nicht oder nur schwer verknüpfbar wären. Sie vereinigen in sich sowohl sensorische als auch kognitive Komponenten einer Bedeutung. Dies wollen wir am Beispiel der Kerze illustrieren: Das Feuer hatte schon immer eine besondere Funktion für die Menschen. Es schützte, spendete Licht und Wärme. Auch bei einer brennenden Kerze empfinden wir als sensorische Eindrücke Licht und Wärme. Darüberhinaus aber sind Kerzen Lichtsymbole: Sie symbolisieren in fast allen großen Religionen die Beziehung zwischen Geist und Materie. Das Wachs (Materie) verbrennt und verwandelt sich dabei in Licht (Geist). Ein physikalischer Transformationsvorgang wird mit einer symbolischen Bedeutung besetzt. Vor allem dieser Aspekt ist bei der Konstruktion therapeutischer Rituale von äußerster Wichtigkeit (s. Teil IV, Leitfaden).

Rituale enthalten nicht nur Symbole, sondern sie haben auch *als ganzes* eine symbolische Funktion. Zum Beispiel dann, wenn sie sich der gesellschaftlichen Entwicklung entsprechend verändern. Ein Volk, das sich von einer Herrschaft lösen möchte, wird dies beispielsweise im Hissen der eigenen Nationalflagge symbolisch ausdrücken.

Turner sieht im Ritual kein überdauerndes System, sondern einen Prozess: "...a transformative performance revealing major classifications, categories, and contradictions of cultural processes (Grimes, 1982, S. 144). Der Kontext der Rituale sind soziale Konflikte, sogenannte 'soziale Dramen' in der eine Gruppe oder ein Individuum in eine Krise gerät. Ein Ritual bestätigt also nach Turner nicht nur eine bestimmte Struktur, sondern kann sie dadurch, daß es auf verschiedenen Ebenen der Gesellschaft (Soziale Gruppe, Familie, Individuum) Kommunikationsmittel ist, verändern und gleichzeitig neue Ordnungen etablieren.

Barbara Myerhoff: Natur und Kultur

Myerhoff versteht das Ritual als eine Form, in der die jeweilige Kultur sich selbst präsentiert. Ihrer Meinung nach heben sich Rituale durch die hohe Stilisierung und durch den ungewöhnlichen Gebrauch von Objekten, Sprache, Kleidung und Gesten deutlich von normalen Handlungen ab.

Sie haben die Eigenschaft in einer *außergewöhnlichen* Realität stattzufinden, gleichzeitig aber machen sie Vorgaben für die *alltägliche* Realität. Dabei transportieren Rituale – gleichgültig ob säkular oder religiös – eine Grundbotschaft von Ordnung, Kontinuität und Vorhersagbarkeit. Da in modernen westlichen Kulturen Religion und Gesellschaftsordnung weitgehend getrennt sind und dabei die religiösen Rituale in vielen gesellschaftlichen Bereichen an Bedeutung eingebüßt haben, müssen säkulare Rituale die "Heiligkeit" bestimmter weltlicher (z.B. humanistischer) Grundsätze weitergeben und untermauern. So werden etwa die Menschenrechte immer wieder in Ritualen wie Kranzniederlegungen an Mahnmalen u.ä. gefestigt. Myerhoffs Definition von 'heilig' geht über die traditionelle religiöse Definition hinaus und konzentriert sich auf die Besonderheit der Ritualsituation – "...etwas, das über das Gewöhnliche hinaus mit Bedeutung durchdrungen ist" (zit. in: Imber-Black, 1993, S. 20).

Ein weiterer wesentlicher Aspekt ihrer Theorie ist die Erkenntnis, daß Rituale das Besondere des Menschlichen, nämlich die *Kultur*, verbinden mit der höheren Ordnung, der alle Lebewesen unterstellt sind, der *Natur*. Dies tritt z.B. deutlich in Ritualen zu Geburt, Menarche oder Tod zutage.

Ronald F. Grimes: Rituale als Darstellungsform

Grimes (1982) kritisiert Turners Erweiterung der van Gennepschen Schwellentheorie in vier Punkten:

1. Rituale enthalten nicht ausschließlich formalisierte Verhaltensweisen; sie können im Gegenteil Komponenten enthalten, die *weniger* formalisiert sind als einfache Handlungen. Grimes nennt diese Handlungen "de-formalizing behavior" (S. 54) und betrachtet sie als eine eigene Strategie der Rituale.
2. Der Technikbegriff soll nicht per definitionem vom Ritual abgesondert werden, weil magische Riten auch Techniken sind, die den Kontakt mit einer mystischen Kraft ermöglichen sollen.
3. Nicht alle Rituale beziehen sich auf mystische Wesen oder Kräfte, z.B. das Meditationsritual im Zen-Buddhismus.
4. Technologische Routine hat rituelle Qualitäten und sollte nicht vom Ritualbegriff abgeschnitten werden, "...nur weil sie sich nicht auf göttliche Wesen bezieht" (S. 54, Übers. d. Verf.).

Grimes hat sich zum Ziel gesetzt den Turnerschen Ansatz zu erweitern und eine Definition für Rituale zu finden, die nicht nur für Übergangsriten in traditionellen

2. Anthropologische Ansätze 21

Kulturen gilt, sondern auch für viele Geschehen in den industrialisierten Kulturen. Grimes möchte seine Definition im Sinne einer Namensgebung verstanden wissen, nicht im Sinne eines Konzeptentwurfs: "It operates like a naming rite and develops largely on the basis of images" (S. 55). Diese sogenannte "weiche" Definition lautet folgendermaßen:

> *"Ritualizing transpires as animated persons enact formative gestures in the face of receptivity during crucial times in founded places"* (S. 55).

Ritualizing: Grimes verwendet diesen Begriff anstelle von *Ritual*, weil letzteres seiner Meinung nach bereits mit Assoziationen besetzt ist, die stark negativ (i. S. e. sinnentleerten Routine) sind oder eindeutig den Zusammenhang mit äußeren Mächten implizieren. Für Grimes ist *Ritualizing* ein kreativer Prozess, dessen Resultat stabile Strukturen sein können, die dann als Rituale betrachtet werden.

Transpires: Mit diesem Begriff möchte Grimes ausdrücken, daß Rituale keine verfestigten Strukturen haben (obwohl sich aus ihnen Strukturen ableiten lassen), sondern über ein Eigenleben verfügen, sich wandeln, in Phasen ablaufen

As animated persons: Hier beschäftigt sich Grimes mit den Figuren im Ritual – mit den Rollen. Mit Personen verbindet er die Verkörperung von Werten durch Kleidung, Gestik und Objekte. Wobei die Rollen wiederum keine verfestigten Ausdrucksformen darstellen, sondern für die Teilnehmenden eine Art Hülle bilden, über die sie Kontakt nach außen aufnehmen.

Enact: Rituelle Handlungen sind für Grimes keine für Zuschauer bestimmte Vorstellungen, aber auch keine rein zielorientierten, bewußten Aktionen. In den Ritualen verbinden sich vielmehr reale und dramatische, wörtliche und symbolische Elemente. Zwar verfolgen die rituellen Handlungen bestimmte Ziele, oft können die Handelnden aber nicht in vollem Umfang erklären, was ihre Handlungen bedeuten sollen.

Formative Gestures: "Formalisierte Gesten" steht in dieser Definition für den Ausdruck bestimmter Haltungen mittels vorgeschriebener Bewegungen und Posen. Im Ritual sind diese Gesten der Ausdruck der Kraft, der Werthaltungen und Einstellungen.

In the face of receptivity: Nach Grimes ist Empfänglichkeit, oder Verwundbarkeit untrennbar mit der Durchführung von Ritualen verbunden. Gemeint ist die Empfänglichkeit des Umfeldes. Rituale sind kommunikativ: Sie richten sich an eine vorgestellte oder wirkliche oder mythologisch konstruierte äußere Welt (z.B. ein Gott, die Ahnen), die irgendeine rezeptive Stelle aufweisen muß (man betet z.B. zu

Gott oder zu Maria oder zu Jesus und geht davon aus, daß sie "zuhören").

During crucial times: Es gibt verschiedene Zeitpunkte und Rhythmen für Rituale. Grimes zieht den Vergleich zu den verschiedenen Tempi eines Musikstücks: Zeiten für Rituale sind z.B. Übergangsphasen. Sie sind Zeiten zwischen den Zeiten, Zeiten der unvorhersagbaren Ereignisse, der Unsicherheit.

Es gibt aber auch die vorhersagbaren, wiederkehrenden Zeiten (z.B. Jahreszeiten, Weihnachten, Jahreswechsel), die durch Rituale markiert werden.

In founded places: Für Rituale werden eigene Räume geschaffen. Das müssen nicht unbedingt bestimmte feste Szenarien oder heilige Orte sein. Es genügt dabei aber auch nicht, sich quasi neutral an einen anderen Ort zu begeben um dort die rituellen Handlungen auszuführen. Es muß eine Art spiritueller oder geistiger Szenenwechsel stattfinden, um den Ort zu einem Ritualort zu machen. Das kann zum Beispiel auch ein im Alltag benutzter Raum sein.

Zusammenfassend könnte man Grimes Definition sinngemäß etwa folgendermaßen übersetzen: 'Ritualisierung äußert sich, wann immer Personen in belebten Rollen formalisierte Handlungen im Angesicht eines empfänglichen Gegenübers zu einem kritischen Zeitpunkt an einem eigens dafür geschaffenen Ort inszenieren.'

Diese sehr ausführliche Definition erfasst unseres Erachtens die Bestandteile von Ritualen am vollständigsten. Wir werden später noch einmal darauf eingehen.

3. Ein religionswissenschaftlicher Ansatz

Der Religionswissenschaftler Mircea Eliade beleuchtet Rituale aus einer religionshistorischen Perspektive und beschreibt sie im Zusammenhang mit der Religiosität der Menschen. Religiosität ist für ihn unabhängig von der speziellen Religion einer Kultur; er unterscheidet daher kulturübergreifend zwischen dem *religiösen* und dem *nicht-religiösen* Menschen. So sieht er die religiöse und die profane Seinsweise als zwei verschiedene Arten des "In-der-Welt-seins" (1984, S. 16). Nach Eliades Ansicht herrschten in der Geschichte der Menschheit die religiösen Menschen vor, wobei er darauf hin weist, daß es vermutlich bis in die frühen Kulturen immer auch schon nicht-religiöse Menschen gab. Die jüngste Entwicklung der Menschheit war eine Entwicklung der Entsakralisierung des Lebens hin zum Profanen.

Der religiöse Mensch war immer tief mit dem Kosmos und seinen zyklischen Rhythmen verbunden, welche die Götter erschaffen haben. Ein Ursprungsmythos

3. Ein religionswissenschaftlicher Ansatz

erzählt in jeder Kultur die heilige Geschichte von der Schöpfung der Welt. Eliade versteht diese Schöpfung als ein "..primordiales Ereignis, das am Anbeginn der Welt, *ab initio*, stattgefunden hat" (S. 85). Damit enthüllt der Mythos ein Mysterium, "..das Erscheinen einer neuen kosmischen Situation" (ebd.). Der Mythos spricht nur von *Realitäten*: "..sei es nun die totale Realität, der Kosmos oder nur ein Teil davon: eine Insel, eine Pflanzenart, eine menschliche Einrichtung" (S. 86). Indem die heiligen Geschichten erzählen, *wie* die Dinge entstanden sind, erklären sie, so Eliade, auch das *warum*, und zwar, weil "..durch die Erklärung *wie* ein Ding entstanden ist, der Einbruch des Heiligen in die Welt, die letzte Ursache aller Existenz geoffenbart wird" (S. 87). Damit gewinnen *alle* Phänomene des Lebens für den religiösen Menschen einen tiefen Sinn.

> *"Die Hauptfunktion des Mythos besteht darin, die exemplarischen Modelle für alle Riten und alle wesentlichen Betätigungen des Menschen (Ernährung, Sexualität, Arbeit, Erziehung, usw.) zu 'fixieren'. Der Mensch, der sich wie ein voll verantwortliches menschliches Wesen verhält, ahmt die beispielhaften Taten der Götter nach, wiederholt ihr Tun, gleich, ob es sich um eine einfache physiologische Funktion wie Ernährung oder um eine gesellschaftliche, wirtschaftliche, kulturelle oder militärische Tätigkeit handelt" (S. 87).*

Eliade veranschaulicht dies am Beispiel des Ackerbaus, einer ganz alltäglichen Beschäftigung. Für die religiösen Kulturen ist der Ackerbau "..ein durch die Götter oder Kulturheroen geoffenbartes Ritual und damit zugleich ein *realer* und *bedeutsamer* Akt" (S. 85), der durch die Nachahmung der göttlichen Vorbilder dazu dient, das Heilige in der Welt zu erhalten. Dies wird regelmäßig durch Rituale für die Fruchtbarkeit der Erde, die Ernte, usw. reaktiviert. Der profane Bauer dagegen bearbeitet die Erde, um allein Nahrung und Gewinn aus ihr zu ziehen. Nutzen und Ausbeutung der Erde rücken in den Vordergrund, da er in der Erde nicht mehr die Manifestation der heiligen Urmutter sieht.

Anhand der Prinzipien von Raum und Zeit beschreibt Eliade das Weltbild religiöser Gesellschaften. In seinen beispielhaften Ausführungen bezieht er sich dabei meist auf archaische Kulturen, er sieht sie jedoch für die Angehörigen aller großen Religionen gültig.

1. Raum: Für den religiösen Menschen ist der Raum nicht homogen; er weist qualitativ unterschiedliche Teile auf: den *heiligen*, d.h. bedeutungsvollen Raum und andere Räume, die "..ohne Struktur und Festigkeit sind" (S. 23). Diese Inhomogenität des Raumes ist für Eliade eine religiöse Urerfahrung. Inmitten der formlosen

Weite des profanen Raumes liegt als fester Punkt, als Zentrum der heilige und "wirklich existierende" (ebd.) Raum. Um dieses Zentrum (heilige Plätze, Ritualorte, Tempel, Heiligtümer) herum, findet die rituelle Orientierung des Menschen statt, was einer Schöpfung der Welt und damit *seiner Realität* gleichkommt. Heiliger und profaner Raum sind durch eine Schwelle getrennt, die als Symbol oft auftaucht in Form von einem Tor, einer Öffnung, einer Pforte.

2. Zeit: Ebensowenig wie der Raum, ist für den religiösen Menschen die Zeit homogen und stetig. Es gibt einerseits die Intervalle heiliger Zeit, die Zeit der Feste und Rituale und andererseits die profane Zeit. Mithilfe der Riten kann der Mensch gefahrlos den Bruch der Kontinuität überwinden und von der gewöhnlichen in die heilige Zeit überwechseln. Bei den australischen Arnuta bezeichnet beispielsweise das rituelle Entzweischneiden eines Holzstückes den Übergang in diese Zeitdimension, die während des Rituals vorherrscht (vgl. S. 66/67). Der wesentliche Unterschied zwischen den beiden Zeiten ist, daß "..die heilige Zeit in ihrem Wesen reversibel [ist], insofern sie eine mythische Urzeit ist, die wieder gegenwärtig gemacht wird. Jedes religiöse Fest ist die Reaktualisierung eines sakralen Ereignisses, das in einer mythischen Vergangenheit, zu Anbeginn [in illo tempore] stattgefunden hat (S. 63). Die heilige Zeit ist unendlich oft wiederholbar, sie bleibt immer gleich, denn sie entstand, als die Götter die Realitäten erschufen; vorher gab es noch keine Zeit. Sie ist von einer anderen Qualität als die lineare, historische Zeit.

In allen religiösen Kulturen sind eine große Anzahl der Rituale fest in den Jahreskreis eingeordnet und stehen eng in Verbindung mit dem Schöpfungszyklus der Natur, der sich in einem Jahr vollzieht. Damit *erneuert sich für sie die Welt jedes Jahr.* Auch in den Heilungsriten ist die Reaktualisierung eines mythischen Schöpfungsaktes enthalten. Er dient als "..archetypisches Modell für alle Schöpfungen, gleich, ob sie sich auf biologischer, psychologischer oder geistiger Ebene abspielen" (S. 74). Die rituelle Rezitation oder Darstellung des entsprechenden Mythos "projiziert" den Kranken in jene heilige Zeit des Ursprungs, "..deren therapeutisches Ziel darin besteht, die Existenz nochmals zu beginnen, (symbolisch) von neuem geboren zu werden" (ebd.). Auch für die Heilmittel und Medikamente gibt es jeweils einen Ursprungsmythos, der erzählt, wie diese zu den Menschen kamen, und nur im Rahmen dieses Mythos erhät die Arznei ihre Wirksamkeit.

4. Psychologische Ansätze

Im Psychologischen Wörterbuch von Dorsch (1987) findet sich folgende Definition:

"Ritual (lat. ritus Sitte, Brauch) allg. feierlicher Brauch mit relig. oder gesellschaftl. Bedeutung, z.B. *Initiationsriten* bei Naturvölkern. Jedes stereotype Verhalten, das nicht situationsangepaßt zu sein braucht und weitgehend sinnentleert sein kann, aber eine Funktion zu erfüllen scheint, z.B. ritualisiertes Handeln bei Gefahr, bei Entspannung, bei Danksagung. Erstarrte Verhaltensabfolge, deren Einhaltung verpflichtend ist, z.B. das Abendlied bei Kleinkindern; zwanghaftes Verhalten bei Neurosen, z.B. Waschzwang" (S.575)

Auffallend bei dieser Definition sind die überwiegend negativen Konnotationen zum Begriff Ritual: "stereotype[s] Verhalten", "nicht situationsangepaßt", "weitgehend sinnentleert", "erstarrte Verhaltensabfolge". Es sind keine eindeutig positiven Funktionen des Rituals für Individuum und Gesellschaft in der Definition enthalten. Dies ist verwunderlich, da sich die wissenschaftliche Psychologie seit ihren Anfängen mit den Erscheinungsformen fremder Kulturen beschäftigt und einige Theorien über deren Funktionen für die menschliche Psyche hervorgebracht hat. Im folgenden stellen wir die wichtigsten psychologischen Ansätze in chronologischer Folge vor:

Wilhelm Wundt: Völkerpsychologie

Wilhelm Wundt setzte sich in seinem 1913 erschienen Buch *Völkerpsychologie* das Ziel, die Phylogenese des *menschlichen Geistes* darzulegen. Er teilte die geistige Entwicklung der Menschheit in vier Stufen ein: das Stadium des "primitiven" Menschen, das "Zeitalter des Totemismus", "das Zeitalter der Helden und Götter" und "die Entwicklung zur Humanität" (Wundt, 1913, S. VII ff). Wundt ging davon aus, daß über ("primitive") Volksstämme heutiger Zeit (bzw. aus der Zeit zu Beginn des Jahrhunderts) Rückschlüsse auf das Denken der Menschen in früheren und frühsten Kulturen gezogen werden könnten. Für jede der postulierten geistigen Stufen der Menschheit skizzierte er die Grundlagen der äußeren Kultur (z.B. Kleidung, Nahrung), der Entwicklung des Zusammenlebens (z.B. Ehe, Familie), der Gesellschaftsform, der Religion, der Kulthandlungen, der Kunstformen und des Denkens. Die Rituale (oder Kulthandlungen, wie er sie nannte) bettete Wundt in die geistigen Entwicklungsstadien der Menschheit ein: Er betrachtete entsprechend die *Entwick-*

4. Psychologische Ansätze

lung der Rituale in ihrer *Funktion*, ihrer *zugundeliegenden Motivation* und ihrem *Inhalt*. Obwohl er es nicht explizit hervorhob, kann man aus den Darlegungen Wundts schließen, daß er wohl eine Art 'Blütezeit' der Rituale im totemistischen Zeitalter und im Helden- und Götterzeitalter annahm, denn nur hier geht er intensiv auf die Grundlagen, Formen und Auswirkungen der Rituale auf das menschliche Erleben ein.

Kulthandlungen des "primitiven" Menschen:
Beim Menschen "...im primitiven Stadium menschlicher Entwicklung..." treten nach Wundt Kulthandlungen noch nicht auf, bestenfalls handelt es sich um "...spärliche Andeutungen, Keime kultischer Handlungen [...] in individuellen Zauberbräuchen [...] und in zeremoniellen Tänzen..." (Wundt, 1913, S. 235).

Kulthandlungen im totemistischen Zeitalter:
Der Mensch im totemistischen Zeitalter, hingegen, entwickelt eine große Anzahl von Kulten, die Wundt unterteilt in solche, die sich auf wichtige Ereignisse im Leben des Menschen beziehen, und solche, die auf "...Vorgänge der äußeren Natur gerichtet sind" (S. 235). Die Quelle dieser Kulte sind seiner Meinung nach die Hoffnungen, Wünsche und Ängste der Menschen auf sehr konkreter Ebene (z.B. gute Ernte, Erfolg bei der Jagd).

Kulthandlungen im Zeitalter der Helden und Götter:
Auf der Stufe des Helden- und Götterzeitalters sieht Wundt die Kulthandlungen "...in einem engen psychologischen Wechselverhältnis" (S. 410) mit dem Mythos, wobei der Mythos dem Bereich der Vorstellung, die Kulthandlung dagegen dem Affekt zuzuordnen ist. Grundsätzlich müssen weder Mythos noch Kulthandlung im Zusammenhang mit Religion stehen. In dieser Entwicklungsphase erfahren sie jedoch eine Wandlung, indem sie diese religiöse Komponente erhalten. Religiöse Kulte oder Götterkulte gehen aus den totemistischen Dämonenkulten hervor, so Wundt. Aus der Sorge um das tägliche Brot entwickelt sich die Sorge um das Seelenheil als Motivation für die Kulthandlungen. Unabhängig vom veränderten Inhalt aber erhalten nach Wundt die Götterkulte nach wie vor ihre vorrangige Bedeutung aus ihrer Beziehung zur Gefühlsebene des menschlichen Bewußtseins: "...es sind die Gefühle und Affekte, die [...] die religiöse Erhebung des Bewußtseins erzeugen und zu Handlungen antreiben, in denen sich die Affekte verstärken" (S. 414). "Ekstase" betrachtete Wundt dabei als "...in einem gewissen Grade an die Kulthandlung als solche gebunden" (S. 423). Die Funktion ekstatischer Techniken und entsprechender Substanzen beschreibt er folgendermaßen: "...sie entrücken

das Bewußtsein in eine andere Welt und geben so dem Kultus immer mehr [...] die Richtung auf diese jenseitige Welt" (S. 420).

Kulthandlungen des Menschen in der Entwicklung zur Humanität:
Im Stadium der Entwicklung des Menschen zur Humanität beschreibt Wundt die Ritualhandlungen nicht mehr als eigenständige Qualität kultureller Entwicklung, sondern als Bestandteil der Entwicklung der Weltreligionen. Die Menschen auf dieser Entwicklungsstufe beschäftigen sich nach seiner Ansicht in ihren Kulthandlungen fast nur noch mit der Vorbereitung auf den Tod und das Jenseits. Es entstehen die Erlösungskulte und die Erlöser. Wundt vertritt an anderer Stelle die These, daß "...im Verlauf der religiösen Entwicklung die Bedeutung der äußeren Kulthandlung zurücktreten kann" (S. 414).

Zusammenfassend kann man sagen, daß für Wundt Rituale folgende allgemeine Qualitäten beinhalten:

- sie entwickeln sich mit der geistigen Entwicklung der Menschheit von sogenannter primitiver Zauberei zur eigentlichen Kulthandlung und haben dabei unterschiedliches Gewicht in den einzelnen Phasen,
- sie haben verschiedene Erscheinungsformen und Inhalte (z. B. Reinigungsriten, Heiligungszeremonien, Initiationsriten),
- ihr Inhalt entwickelt sich von materiellen (z.B. Nahrung) zu abstrakten Begrifflichkeiten (z.B. Seele, Erlösung),
- sie sind durch Hoffnungen und Furcht in Bezug auf Krankheit und Tod motiviert,
- sie sprechen Menschen auf der Gefühlsebene an,
- sie stehen im Zusammenhang mit Mythen,
- sie enthalten ekstatische Elemente.

Sigmund Freud: Religion und Neurose

Freuds Interesse an Ritualen stand ganz im Zeichen seiner psychoanalytischen Theorie, die er auf ethnologische Fragestellungen anwendete. Sein Vorgehen war vergleichend – spekulativ, d.h. er interpretierte enthnologisches Material, ohne selbst Feldforschungen angestellt zu haben.
Sein Werk *Totem und Tabu*, in dem er sich mit den religiösen Praktiken und Anschauungen fremder Kulturen beschäftigt, ist stark evolutionistisch geprägt. Er übernimmt die Ideen von Tylor und Wundt, und geht von drei Phasen der "..Entwicklungsgeschichte der menschlichen Weltanschauungen..." aus, "...in wel-

4. Psychologische Ansätze

cher die a n i m i s t i s c h e Phase von der r e l i g i ö s e n , und diese von der w i s s e n s c h a f t l i c h e n abgelöst wird..." (Freud, 1913, S. 81). Im *animistischen* Stadium betrachten, nach Freud, Menschen ihre Umwelt als bevölkert "mit einer Unzahl von geistigen Wesen, die ihnen wohlwollend oder übelgesinnt sind; sie schreiben diesen Geistern und Dämonen die Verursachung der Naturvorgänge zu und halten nicht nur die Tiere und Pflanzen, sondern auch die unbelebten Dinge der Welt für durch sie belebt" (ebd., S. 71). Im *religiösen* Stadium glaubt der Mensch an Götter, die die Vorgänge steuern. Der Mensch hat dabei die Möglichkeit durch sein Verhalten auf den Willen der Götter Einfluß zu nehmen (z.B. Gebet, Opfer, Reue). Im *wissenschaftlichen* Stadium versuchen die Menschen, die Natur mit Hilfe sogenannter objektiver Kategorien zu begreifen. Die menschlichen Einflußmöglichkeiten liegen in der Erkenntnis: Naturgesetze zu verstehen und sie sich nutzbar zu machen (mit dem Ziel die Grenzen der Natur zu überwinden) wird das wichtigste Anliegen.

Freud ordnet, wie Wundt, rituelle Handlungen der animistischen Ebene menschlichen Denkens zu. Er schreibt:

> *"Wir sind darum nicht erstaunt zu erfahren, daß mit dem animistischen System etwas anderes Hand in Hand geht, eine Anweisung, wie man verfahren müsse, um der Menschen, Tiere und Dinge, respektive ihrer Geister, Herr zu werden" (ebd., S. 72).*

Obwohl er den Begriff Ritual nicht verwendet ist die von ihm erwähnte "Strategie des Animismus" (ebd., S. 72), oder die magischen Handlungen von denen er annimmt, daß sich "...der psychische Akzent von den Motiven [...] auf die Handlung selbst..." (ebd., S. 78) verschiebt, unserer Meinung nach nichts anderes als rituelles Verhalten. Dabei ist, nach Freud, das Grundprinzip der animistischen Techniken, der Kulte also, die Ansicht, man könne kraft der Gedanken die Welt verändern, Unheil heraufbeschwören oder abwenden. Diese zugrundeliegenden Denkweisen bezeichnet er als primitiv und eben nur unter "Wilden" verbreitet, die keine anderen Möglichkeiten haben, sich mit drohendem Unheil – also letztendlich dem Tod – auseinanderzusetzen, als durch Geisterbeschwörung und Tabus. In westlichen Gesellschaften könne man bei Zwangsneurotikern entsprechende Denk- und Verhaltensweisen finden: "Die primären Zwangshandlungen dieser Neurotiker sind eigentlich durchaus magischer Natur" (ebd., S. 80).

Die Religion betrachtete Freud allgemein äußerst kritisch: er sah in ihr eine Illusion der Menschen, die ihnen hilft sich ihre eigene Hilflosigkeit erträglicher zu machen, eine Art kollektiver Zwangsneurose (Lindinger, 1988).

Zusammenfassend könnte man Freuds Ansicht zu rituellen Handlungen folgendermaßen ausdrücken: Ritualen liegt ein 'zurückgebliebenes' magisches Denken zugrunde, das davon ausgeht, durch Manipulation von Dingen die Wirklichkeit verändern zu können und so die Angst abwehrt. Diese animistische Denkweise findet sich im zwanzigsten Jahrhundert 'nur' bei den sogenannten 'primitiven' Völkern und Zwangsneurotikern. Freud läßt dabei jede Möglichkeit außer acht, daß sich im Ritual, wie in magischen Handlungen, Ereignisse auf *Symbolebene* transformiert abspielen, die im Individuum auch symbolisch wirken. Genau diesen Aspekt macht Jung zum Zentrum seiner Arbeit und leitet damit die Trennung von Freud ein. Dennoch, auch Freud ahnt wohl die potentielle Kraft, die in den Ritualen und dem magischen Denken stecken, wenn er schreibt:

> *"Allein ich meine, es könnte uns mit der Psychologie dieser Völker, die auf der animistischen Stufe stehen geblieben sind, leicht so ergehen wie mit dem Seelenleben des Kindes, das wir Erwachsene nicht mehr verstehen, und dessen Reichhaltigkeit und Feinfühligkeit wir darum so sehr unterschätzt haben" (ebd., S. 91).*

Es bleibt anzumerken, daß Freud dem wissenschaftlichen Denksystem, der vermeintlich höchsten Entwicklungsstufe menschlichen Denkens durchaus nicht unkritisch gegenüberstand, wie das folgende Zitat belegt:

> *"Im animistischen Stadium schreibt der Mensch sich selbst die Allmacht [der Gedanken] zu; im religiösen hat er sie den Göttern abgetreten, aber nicht ernstlich auf sie verzichtet, denn er behält sich vor, die Götter durch mannigfache Beeinflussungen nach seinen Wünschen zu lenken. In der wissenschaftlichen Weltanschauung ist kein Raum mehr für die Allmacht des Menschen,[...]. Aber in dem Vertrauen auf die Macht des Menschengeistes, welcher mit den Gesetzen der Wirklichkeit rechnet, lebt ein Stück des primitiven Allmachtsglaubens weiter" (ebd., S. 81).*

Carl Gustav Jung: Symbolbildung und Religiosität

Wie Freud, so erkennt auch Jung in der Religiosität ein menschliches Grundbedürfnis. Allerdings bewertet er sie, im Gegensatz zu Freud, positiv. Jung sieht in der Religiosität keine "...willkürlich ablegbare und auswechselbare äußere Ideologie..." (Lindinger, 1988, S. 349), sondern einen Bestandteil der menschlichen Psyche. Er sieht die Religion in der Natur des Menschen fest verankert: Wie in un-

4. Psychologische Ansätze

serem Körper uralte anatomische Eigenschaften der Säugetiere von Generation zu Generation weitergegeben werden, so wird in der menschlichen Psyche seit Urzeiten die universelle Fähigkeit, (religiöse) Symbole zu bilden, weitervererbt. Zu betonen ist, daß nicht die Symbole als solche vererbt werden, sondern die Symbol*bildung,* sowie die "...emotionalen Erscheinungen, zu denen solche Vorstellungsmuster gehören" (Jung, 1985, S. 75). Die Symbole oder 'Urbilder', die wir auf der 'archaischen' Grundlage unseres entwickelten Geistes zu bilden vermögen, nennt Jung die *kollektiven* oder *natürlichen* Symbole oder auch *Archetypen*. Sie entsprechen religiösen Bildern und Motiven und haben die Eigenschaft, daß sie instinktiv und unwillkürlich aus der Psyche auftauchen. "Wie eine Pflanze ihre Blüte hervorbringt, so erschafft die Psyche ihre Symbole" (Jung, 1985, S. 64). Die Symbole äußern sich spontan in Träumen und sind in Mythen, Impulsen, Kunstwerken, Gedanken, in "...allgemeinverständlichen Gesten und vielen anderen Haltungen..." (ebd., S. 76) enthalten. Beispiele für archetypische Symbole sind die in den Mythen aller Völker und Zeiten vorhandenen Heldengestalten, Initiationsmotive, Symbole der Transzendenz und 'Paradies'vorstellungen. Auch Rituale, da sie eng mit den Mythen verwoben sind, enthalten Archetypen, wie die symbolische Darbringung der Seele oder das Motiv der Wiedergeburt.

"In früheren Zeiten dachten die Menschen kaum über ihre Symbole nach; sie lebten sie und wurden unbewußt durch ihren Gehalt angeregt" (ebd., S. 81). Archetypen sind nicht erdacht, niemand hat sie in dem Sinne 'erfunden'. Das reflektierende Bewußtsein hat sich erst viel später entwickelt. Der Mensch wurde, so Jung, zunächst "...von unbewußten Faktoren zu Taten getrieben; erst lange Zeit später begann er über die Beweggründe nachzudenken; und es bedurfte schon einer sehr langen Zeitspanne, um ihn auf die lächerliche Idee zu bringen, er hätte von sich aus gehandelt..." (ebd., S. 82).

In der modernen Gesellschaft wurden die Bilder und Symbole, mit denen die Menschen früher, und einige Völker noch heute, ganz selbstverständlich lebten und leben, in das Unbewußte verdrängt. Der Preis, den wir für die Vernunft und ihre Errungenschaften zahlen müssen, ist das Abdrängen der phantasievollen archetypischen Bilder und Symbole in psychische Bereiche, die uns bewußt nicht zugänglich sind. Statt Gottesfurcht, so Jung, erleben wir Angstneurosen; "Die Götter des heutigen Menschen haben [...] neue Namen bekommen..." (ebd., S. 82): Rastlosigkeit, psychische Probleme und das Bedürfnis nach Drogen. Wenn uns die Urbilder begegnen (Alpträume, psychotische Zustände, Halluzinationen), so gehen wir von einer 'Störung' aus.

In den Träumen werden die Archetypen allerdings spontan von jedem einzelnen

4. Psychologische Ansätze

Menschen gebildet. Die Symbole sind nur aus dem Tagesbewußtsein verdrängt, nicht verschwunden. Durch Mythen, Kunstwerke und Riten geben wir sie immer an die nächsten Generationen weiter. Wir können sie aber nicht mehr - oder nur schwer - ohne Hilfe verstehen und für unsere psychische Gesundheit nutzen. Nach Jung ist die in unserer Kultur vorherrschende Dominanz der Ratio und die Verdrängung der symbolischen Inhalte ins Unbewußte die Grundlage zerstörerischer Tendenzen, die unsere psychische und körperliche Gesundheit bedrohen. Eine gesunde Persönlichkeit besteht zu gleichen Teilen aus Denken, Fühlen, Intuition und Empfindung. Werden einzelne Teile abgespalten und unterdrückt, so kommt es zur Störung. In der "...Reproduktion archetypischer Verhaltensweisen..." (ebd., S. 99) sieht Jung eine Möglichkeit das Bewußtsein zu erweitern und damit den Individuationsprozess, der schließlich die 'Heilung' bewirkt, zu fördern.

Zusammenfassend wollen wir festhalten: Jung geht davon aus,

- daß die Fähigkeit zur Symbolbildung seit Urzeiten im Menschen verankert ist, und sich diese natürlichen Symbole in Mythen, Träumen, Riten und Kunst ausdrücken;
- daß bewußtes Wahrnehmen und Bewerten des eigenen Handelns und Denkens eine junge Fähigkeit in der geistigen Evolution des Menschen ist;
- daß mit der Entwicklung der Vernunft und deren starker Betonung die symbolbildende Fähigkeit des Menschen ins Unbewußte verschoben wurde, so daß die Symbole von den Menschen nicht mehr ohne weiteres verstanden und in ihr psychisches Geschehen integriert werden können;
- daß dieses Manko die Grundlage für psychische Störungen, Drogenkonsum und Unzufriedenheit ist.

Erik Erikson: Ritualisierung und ontogenetische Entwicklung

Erikson (1966) grenzt Ritualisierung von anthropologischen Definitionen des Erwachsenenrituals ab, weil diese seiner Meinung nach das Ritual zu stark an die Welt der Erwachsenen binden und die Wichtigkeit von Ritualisierung für die kindliche Entwicklung zu wenig beachten. Auch die Auffassung vom Ritual als klinischem Symptom liegt ihm fern. Er definiert Rituale als

> *"...agreed upon interplay between at least two persons who repeat it at meaningful intervals and in recurring contexts, and that this interplay should have adaptive value for the respective egoes of both participants" (Erikson, 1966, S. 602 f).*

4. Psychologische Ansätze

Rituale dienen für Erikson vor allem der Anpassung des Organismus an soziale Strukturen und einer gesunden Ich-Entwicklung des Menschen. Erikson betont den *interaktionalen* Aspekt im Ritual und dessen *adaptive* Funktion. Er beschreibt die Entwicklung rituellen Verhaltens von der frühesten Kindheit bis zum Erwachsenenalter in verschiedenen Stufen. Jede Stufe der Ritualentwicklung wird dabei in die folgende integriert.

Die *Rituale der frühesten Kindheit* vollziehen sich zwischen Mutter und Kind (heute auch immer mehr zwischen Vater und Kind; Anm. d. Verf.). Sie enthalten real-praktische und symbolische Komponenten. Ihre Themen sind gegenseitiges Wiedererkennen und Versicherung der Gegenwart der Mutter für das Neugeborene (und umgekehrt). Sie bestehen in spielerischer Formalisierung von Routinehandlungen, kleinen Spielen, (Kose-) Namensgebung und in Begrüßungsritualen.

Die Rituale enthalten zugleich individuelle (z.B. welchen Namen erhält das Kind) als auch traditionsgebundene Anteile (z.B. weltliche Namensgebung und Taufe). Die Ritualisierung der frühesten Kindheit hat einfache Überlebensfunktion, sowohl in emotionaler als auch in versorgungstechnischer Hinsicht, außerdem beginnt hier die Einpassung des neugeborenen Menschen in seine Kultur.

Die emotionalen Effekte dieser Rituale sind Gefühle tiefer Verbundenheit, bei gleichzeitiger Absicherung der zunehmenden Individualität von Mutter und Kind. Nach Erikson bilden die frühen Rituale das Basiselement aller späteren Riten. Das bedeutet, daß in späteren Ritualen die Verbundenheitsgefühle immer wieder aktiviert werden, vorausgesetzt die Ritualisierung in der frühesten Kindheit ist 'geglückt'. Umgekehrt sind Elemente späterer Rituale schon in den frühen Formen enthalten, wenn sie das Geschehen auch nicht dominieren.

Die *Rituale der frühen Kindheit* enthalten, nach Erikson, zusätzlich zur Absicherungsfunktion eine 'Rechtskomponente'. Die Rituale vermitteln hauptsächlich Regeln für alltägliche Verrichtungen wie Essen (z.B. Tischsprüchlein/-gebete), Schlafengehen (z.B. Gute-Nacht-Lied/Einschlafrituale), Begrüßung und Abschied (z.B. Winken). Die Rituale lehren das Kind spielerisch, wie man sich 'richtig' verhält. Sie mildern die Frustrationen, denen ein Kleinkind tagtäglich durch die beginnende Sozialisation ausgesetzt ist. Nach Erikson bildet sich das Kleinkind anhand der Rituale im Lauf der Zeit eine freie (!) Meinung entsprechend der vermittelten Regeln. Für Eltern und Kinder bieten die Rituale den Vorteil, daß sie als kulturell vermittelte Traditionen zum Teil von der Person der Mutter oder des Vaters unabhängig sind. Es entscheidet also nicht nur die elterliche Willkür, sondern eine individuell gestaltete kulturelle Norm. Das hilft dem Kind beim Lernen und den Eltern beim Erziehen.

4. Psychologische Ansätze

Die *Rituale der späteren Kindheit* etablieren sich im klassischen Spielalter. Das Kind entwickelt nun im Spiel *seine eigenen* Rituale und diese hängen eng mit dem Spiel zusammen. Die Rituale werden dramatisch ausgestaltet. Die Themen sind, nach Erikson, dieselben wie im Spiel: Übernahme von Rollen aus der Erwachsenenwelt, Ablösung von den Eltern und damit verbundene Schuldgefühle. Auf die Ritualspiele oder Spielrituale werden wir im Zusammenhang mit der therapeutischen Anwendung noch eingehen.

Die *Rituale der Jugend und Adoleszenz* bilden, so Erikson, den Übergang von der "...inoffiziellen Ritualisierung in der Kindheit..." (1966, S. 616; Übers. d. Verf.) zum offiziellen, geplanten Erwachsenenritual einerseits, oder zu improvisierten Ritualisierungen Jugendlicher (Pubertätsriten) andererseits; je nachdem, ob sich die Adoleszenten mit den vorgegebenen kulturellen Werten der Erwachsenenwelt identifizieren können oder nicht. Der Übergang geschieht im einen wie im anderen Fall durch Rituale: entweder durch traditionelle Initiation oder durch Ersatzriten, die sich die Adoleszenten selbst schaffen (z.B. Mutproben, Drogenrituale, Cliquen, Bandenriten, Parties). Die Rituale erhalten in dieser Phase, zusätzlich zu den vorangegangenen Elementen, eine *ideologische* Komponente. Damit werden sie in extremer Weise sowohl für die Gesellschaft, als auch für die Identitätsfindung der Jugendlichen relevant.

Auf dem einen oder anderen Weg finden die Adoleszenten schließlich Eingang in die *Erwachsenenwelt* mit all ihren Ritualen. Die jungen Erwachsenen finden sich dann, wenn sie selbst Kinder bekommen, in der Rolle der Vermittler der notwendigen Ritualisierungen für die nächste Generation wieder.

Zusammenfassend ist festzuhalten: Erikson betrachtet Ritualisierung als ein funktionales Ganzes mit zweiseitigen Beziehungen: Erwachsenenrituale aktivieren einerseits Erinnerungen an die eigene früheste Kindheit und rufen Gefühle der Sicherheit und des Aufgehobenseins hervor, andererseits helfen sie Eltern dabei, das Leben ihrer Kinder zu ritualisieren, um diesen wiederum genau dieselben Gefühle vermitteln zu können. Aus der Funktion der Ritualbildung für die emotionale Entwicklung, läßt sich ableiten, was einem Menschen fehlt, in dessen Familie die Ritualisierung negativ verlaufen ist.

Walter Andritzky: Kulturübergreifende Psychotherapieforschung (KPTF)

Die transkulturelle Evaluationsforschung zur Wirksamkeit von (psychotherapeutischen) Ritualen ist noch relativ jung. Im Jahre 1977 vereinbarte die WHO

4. Psychologische Ansätze

Richtlinien für die Rolle der traditionellen Medizin in der künftigen Gesundheitspolitik und schlug Forschungsschwerpunkte und Wege der Förderung, Entwicklung und Integration in die westliche Medizin vor (Andritzky, 1989b). Das Vorgehen der WHO-Arbeitsgruppe wurde insofern kritisiert, als es dualistisch war: Es ordnete den körperlichen Krankheiten die Behandlung mit traditionellen Heilmitteln zu, und den psychischen Leiden die Behandlung mit sogenannten ethnopsychiatrischen Praktiken. Nach Andritzky (1989b) übersah die WHO dabei den symbolischen Gehalt bei der Verabreichung von Medizinen in der traditionellen Medizin und alle anderen psychosomatischen Zusammenhänge. Indigene Heiler aber erklären und behandeln kein Leiden rein chemisch-physikalisch *oder* symbolisch, sondern begreifen den Menschen ganzheitlich in seinem "...spirituell-holistischen Begründungszusammenhang..." (Andritzky, 1989b, S. 202).

Der Forschungsansatz der kulturübergreifenden Psychotherapieforschung (KPTF) hat folgende Themenschwerpunkte:

- Kosmologien, Körper und Seelenvorstellungen
- Ethnopsychiatrie, Ethnopsychoanalyse
- Vorstellungen der Krankheitgenese (Ätiologie)
- Diagnose- und Heilmethoden
- Unspezifische heilerische Institutionen
- Persönlichkeit und Ausbildung der Heiler in traditionellen Gesellschaften

Ziel der Forschungen ist es unter anderem "...das Funktionieren einheimischer Heilsysteme mit allen verfügbaren theoretischen und methodischen Instrumenten zu untersuchen..." (1989b, S. 199) und die Möglichkeiten einer Integration in die westliche Therapie zu eruieren. Die trotz vieler Ähnlichkeiten zweifelsohne verbleibende Andersartigkeit traditioneller Heilmethoden kann nach Meinung Andritzkys eine Bereicherung für die akademische westliche Psychotherapie sein, deren Forschungsgegenstand oft allzusehr von der industriellen Kultur geprägt ist und deren magisch religiöse Wurzeln verschüttet sind. Andritzky schlägt vor, ethnische Heilmethoden in unsere Psychotherapie *explizit* zu integrieren, auch wenn zur Zeit die theoretischen Begründungen dafür nicht ausgereift sind, denn hierzulande gäbe es viel bessere Evaluationsmöglichkeiten als in den Ländern der Dritten Welt. Natürlich wären die Ergebnisse dann nicht auf das natürliche Setting in den Ursprungsländern übertragbar. Dabei geht es nicht darum, Rituale aus ihrem natürlichen Kontext herauszureißen und in den Westen zu transplantieren, vielmehr ist es sinnvoll, die für uns gültigen und annehmbaren Rituale auszuwählen, zu finden oder neu zu beleben.

Andritzky (1989b) fordert einen höheren Stellenwert der kulturvergleichenden Psychotherapieforschung an den deutschen Universitäten, um u.a. "...die psychotherapeutischen und psychosomatischen Dimensionen der traditionellen Heilmethoden..." (S. 202) evaluieren zu können – nicht zuletzt auch im Hinblick auf den immer größer werdenden Ausländeranteil in den Praxen der in Deutschland arbeitenden Therapeuten und Ärzte.

5. Psychotherapeutische Ansätze

Mara Selvini–Palazzoli: Therapeutische Rituale

Die Mailänder Schule der Familientherapie nahm erstmals Rituale als Interventionsform explizit in die Psychotherapie im westlichen Kulturkreis auf. Selvini–Palazzoli definiert in ihrem 1982 erschienenen Buch *Magersucht* (Originalausgabe v. 1974) das therapeutische Ritual als:

> *"eine Aktion oder eine Reihe von Aktionen, die mit verbalen Äußerungen einhergehen und die ganze Familie miteinbeziehen. Wie jedes Ritual muß es aus einer regulären Abfolge von Schritten bestehen, die zur rechten Zeit und am rechten Ort unternommen werden" (Palazzoli, 1974, S. 274).*

Palazzoli betont die Kraft der Rituale als psychotherapeutische Technik. Die besondere Wirkung des Rituals besteht ihrer Meinung nach vor allem darin, daß es dem analogen, nichtverbalen Code der Informationsverarbeitung näher steht als dem digitalen, und daß es das ganze System 'Familie' in sich aufnehmen und auf relativ unkomplizierte Weise verändern kann. Die Mailänder Autoren unterstreichen dabei, daß ein Ritual immer "im größeren Rahmen der positiven Konnotationen des Familiendilemmas zu präsentieren" ist (zit. in: Imber–Black, et al., 1993, S.18), d.h.: Ein Familienritual sollte möglichst ressoucenorientiert sein und an den positiven, stabilisierenden Seiten des Konflikts anknüpfen.

Aus den Fallbeispielen der Mailänder Schule geht hervor, daß teilweise ganze Rituale detailliert mit Angabe des Zeitpunktes, des Ortes, der anwesenden Personen und deren Handlungen, sowie der zentralen Worte, die dabei gesprochen werden sollen, verschrieben werden, teilweise nur einzelne Aspekte davon, wie beispielsweise die Zeitangabe und die Hauptakteure bei dem bekannten Ritual der 'geraden' und 'ungeraden' Tage.

5. Psychotherapeutische Ansätze

Onno van der Hart: Kontinuität und Trennung

Unter dem Einfluß der Gruppe um Palazzoli beschäftigt sich Onno van der Hart mit der Anwendung von Ritualen in der Psychotherapie. Er definiert Rituale folgendermaßen:

> *"Rituale sind vorgeschriebene rituelle Handlungen, die auf eine bestimmte Art und Weise und in einer bestimmten Reihenfolge ausgeführt werden müssen und zu denen möglicherweise bestimmte Formeln gesprochen werden.*
> *Neben den formalen Aspekten lassen sich Erfahrungsaspekte der Rituale unterscheiden. Rituale werden mit viel Engagement ausgeführt. Ist das nicht der Fall sprechen wir von leeren Ritualen.*
> *Bestimmte Rituale werden im Leben der Betroffenen ständig wiederholt, andere dagegen werden nur einmal durchgeführt (sie können allerdings von anderen Menschen wiederholt werden)"* (1983, S. 5 ff).

Damit erweitert van der Hart die Definition der Mailänder Gruppe um zwei wesentliche Aspekte: Erstens weist er darauf hin, daß Rituale nicht per se wirken, sondern nur dann, wenn sie mit *innerer emotionaler* Beteiligung durchgeführt werden. Dies ist insbesondere für die therapeutische Anwendung von grundlegender Bedeutung.
Zweitens: Indem er ausdrücklich betont, daß Rituale auch nur einmal im Leben eines Menschen vorkommen können und in vielen Fällen nicht wiederholt werden müssen, entspricht er der anthropologischen Auffassung vom Ritual und grenzt therapeutische Rituale von der gängigen Alltagsmeinung ab, die oft rituelle Handlungen mit täglichen Routinehandlungen gleichsetzt.

Van der Hart (1983) unterscheidet im Zusammenhang mit den Familienzyklen (und nur hier) Übergangs- und Kontinuitätsrituale. Die Übergangsrituale markieren wichtige Ereignisse, die einen Neubeginn einleiten (z.B. Trennung von Kind oder Partner). Er untergliedert (in Anlehnung an van Gennep) die Übergangsrituale in Trennungs-, Schwellen- und Integrationsrituale.
Kontinuitätsrituale teilen sich in "telectic rites"[3], welche alltägliche, kleine Übergänge (im Sinne von reinen situativen Kontextveränderungen) betreffen (z.B. Begrüßungs- oder Einschlafrituale), und "intensification rites", die die Kontinuität der

---
[3] Für das Wort *telectic* konnten wir leider keine sinnvolle Übersetzung finden. Der Begriff stammt aus dem Griechischen und bezeichnet das Entfernen von Altem und die Übernahme des Neuen (van der Hart, 1983, S. 147), entspricht also etwa im Deutschen *wandeln, umwandeln* oder *wechseln*.

5. Psychotherapeutische Ansätze 37

Beziehungen stabilisieren (z.B. Familientreffen, gemeinsame Mahlzeiten) (s. Abb. 2). Nach van der Hart können im *therapeutischen* Bereich sowohl Übergangs- als auch Kontinuitätsrituale angewendet werden, wobei ein Großteil der ersten Kategorie zuzuordnen sei (van der Hart, 1983, S. 9).

Ähnlich wie Palazzoli verweist auch van der Hart auf die Funktion von geschlossenen und offenen Teilen innerhalb der Rituale: Einerseits hält er eine vorgeschriebene Struktur mit bestimmten rituellen Elementen für wichtig, um einen sicheren Rahmen für starke Emotionen, die normalerweise bei wichtigen Übergängen frei werden, zu bieten, und, um bestimmte kulturelle Informationen zu transportieren. Andererseits werden in den offenen Teilen Freiräume für die Entfaltung einer mit der eigenen Biographie verbundenen Bedeutung geschaffen (vgl. Leitfaden).

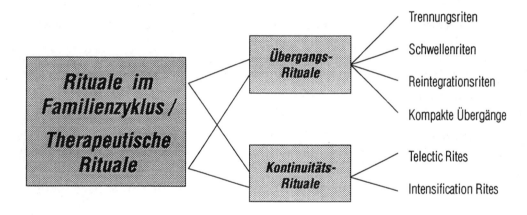

Abbildung 2: Einteilung therapeutischer Rituale nach: Van der Hart (1983)

Susy Signer-Fischer: Hypnotische Aspekte im Ritual

Signer-Fischer, die innerhalb der Hypnotherapie mit Kindern Rituale anwendet, definiert Rituale als Symbolhandlungen auf einem Rigiditäts-Kontinuum zwischen der "konkreten, eventuell regelmäßigen Handlung" am einen Ende und dem Zwang am anderen Ende. (S. 65) Die drei Rigiditätsstufen unterscheiden sich durch das Maß des Getriebenseins. Sie werden auf drei Bedeutungsebenen definiert:

1. Die funktionale Bedeutung, also wozu eine Handlung dient (z.B. Hände waschen, um saubere Hände zu bekommen).
2. Die symbolische Bedeutung, also die Erweiterung der funktionalen um eine symbolische Komponente (z.B. die Hände in Wasser legen, um sich vor einer bestimmten heiligen Handlung zu reinigen).
3. Die Versicherungsebene, auf der sowohl funktionale als auch symbolische Bedeutung zugunsten der Kontrollillusion in den Hintergrund treten (z.B. Waschzwang).

In der Hypnotherapie werden Rituale verwendet, weil sie die folgenden hypnotischen Aspekte enthalten: Sie wirken durch symbolische Bedeutungen, sprechen das Unbewußte an und enthalten tranceinduzierende Techniken und indirekte Suggestionen.

6. Ein interdisziplinärer Ansatz: D'Aquili, Laughlin & McManus

D'Aquili, Laughlin & McManus analysieren in ihrem 1979 erschienenen Buch *The spectrum of ritual* Rituale umfassend unter ethologischen, neuropsychologischen, und anthropologischen Gesichtspunkten. Im Rahmen ihres strukturanalytischen Ansatzes definieren sie rituelles Verhalten als ein Kontinuum von Verhaltensweisen, die sich wiederholen, die stereotypisiert und koordiniert ablaufen und die sich auf komplexe Weise in der Phylogenese und Ontogenese entwickelt haben. Ihrer Meinung nach darf eine Ritualdefinition nicht auf menschliches Verhalten beschränkt sein, denn auch fast alle Tierarten zeigen rituelles Verhalten (z.B. Bienen, Vögel, Affen). Die Autoren betonen dabei: je komplexer ein Organismus ist, desto elaborierter sind seine Rituale. Das gilt sowohl in räumlich-zeitlicher, als auch in inhaltlich-struktureller Hinsicht. Menschliche Rituale zeichnen sich dadurch aus, daß sie eine große Menge an 'Miniritualen' und Formalisierungen in ein *übergeordnetes* Muster packen. Dieses Muster erhöht die Relevanz der einzelnen Teile. Die religiöse Dimension gesellt sich zum rituellen

Verhalten erst als kognitive Komponente und ist damit spezifisch menschlich.
Wir werden im II.Teil, Prozeßelemente ritueller Heilung, noch weitere Aspekte dieses Ansatzes beschreiben.

7. Zusammenfassende Definition und Eingrenzung des Ritualbegriffs

Definition

Rituale werden über ihre *Struktur*, über ihre *Funktion* und ihren *Verlauf* definiert. Die Definitionen weisen meist auf feste Bausteine hin, die ein Ritual als solches auszeichnen.
Aus der Betrachtung der anthropologischen und psychologischen Ansätze sehen wir Rituale durch folgende Aspekte charakterisiert:

- Es werden (meist von mehreren Personen) Handlungen durchgeführt, die wenigstens zum Teil Symbolcharakter haben;
- Die Handlungen sind in ihrer Durchführung mehr oder minder formalisiert und unterliegen dabei einer Eigendynamik;
- Die Handlungen finden in einem besonderen räumlich-zeitlichen Rahmen statt und heben sich auch ideell aus dem Alltagsgeschehen hervor;
- Die Handlungen können durch gesprochene Formeln ergänzt oder geleitet sein;
- Die Handlungen werden durch Requisiten bestimmt und unterstützt, die jemanden oder etwas Bestimmtes symbolisieren (z.B. Masken, Wasser, Kerzen) oder der Veränderung des Bewußtseins dienen;
- Die Handlungen und der Kontext lösen in den Teilnehmenden innere Reaktionen – meist in Form von Emotionen oder Einsichten (z.B. Gefühl des Vertrauens, Visionen, Extaseerlebnisse) – aus;
- Es gibt Rituale zu verschiedenen Themen (z.B Reinigung, Fruchtbarkeit, Dank, Jagderfolg).

Eingrenzung

Rituale lassen sich von gewohnheitsmäßigen Handlungen einerseits und vom Zwang andererseits durch ihr Ausmaß an Rigidität, Funktionalität, Kontrolle und Symbolik abgrenzen:

7. Zusammenfassende Definition und Eingrenzung des Ritualbegriffs

Routinehandlungen und Rituale

Routinehandlungen sind Handlungen, die sich oft wiederholen. So oft, daß wir uns an sie gewöhnen, und sie, ohne ihnen größere Aufmerksamkeit zu schenken, ausführen können. Sie sind wichtige Fixpunkte im Leben der Menschen, besonders der Kinder. Wir brauchen sie, um unsere Umwelt und uns selbst zu strukturieren und zu ordnen, so daß wir den 'Kopf frei haben' um weiter zu lernen, um unsere Aufmerksamkeit anderen Dingen zuwenden zu können. Wir können die Routine im Sinne von Gewohnheiten liebgewinnen, so daß uns etwas fehlt, wenn wir sie aufgeben müssen. Routinehandlungen können eine subjektive Bedeutung haben, sind aber keine Rituale, denn sie enthalten nicht *per definitionem* einen Symbolwert, der über den funktionalen Handlungsapekt hinausgeht. Zähneputzen, beispielsweise geschieht zur Pflege der Zähne, auch wenn man es pünktlich jeden Abend um sieben tut und kribbelig wird, wenn man einmal nicht die Gelegenheit dazu hat. Stände der Zahn hingegen symbolisch für die menschliche Existenz und Karies für einen bösen Geist, der diese Existenz bedroht, dann wäre Zähneputzen wohl ein Ritual.

Auch ein samstägliches Bad kann nicht nur der Reinigung dienen, sondern darüberhinaus mit wohligen Erinnerungen und Kindheitsgefühlen der Ordnung und des Aufgehobenseins verbunden sein und somit ein Symbol für die Geborgenheit im Elternhaus werden. Hat das Bad in diesem Sinne für einen Menschen eine besondere Bedeutung, so kann es - bewußt eingesetzt - als Symbol heilende Funktion übernehmen.

Zwangshandlungen und Rituale

Nach Reinecker (1991) ist zwanghaftes Verhalten definiert durch einen "inneren subjektiven Drang, bestimmte Dinge zu tun oder zu denken [...]; Widerstand gegen den Gedanken, bzw. die Ausführung der Handlung; [und] ... Einsicht in die Sinnlosigkeit dieser Gedanken und Handlungen" (Signer-Fischer, in: Mrochen et al., 1993, S. 167). Zwangshandlungen werden oft als Rituale bezeichnet. Wir halten das für irreführend. Rituale sind keine Zwangshandlungen und Zwangshandlungen keine Rituale, weil Rituale viel stärker von ihrem symbolischen Gehalt und ihrer dramatischen Ausgestaltung (vgl. 8. Ritualbausteine) als von der Rigidität bestimmt sind. Ritualteilnehmer fühlen sich außerdem nicht gegen ihren Widerstand und eine offensichtliche Sinnlosigkeit zu den rituellen Handlungen getrieben.

II. Prozeßelemente ritueller Heilung

"'Du meine Güte', sagte der Zauberer verzweifelt.
Der König betrachtete sich in einem großen Spiegel.'
Vom Bauch abwärts war er noch ganz der Alte,
der Rest von ihm hatte sich aber
in einen farbenprächtigen Vogel verwandelt,
mit einem goldenen Kamm und langen purpurroten
Federn."

(Benjamin und Ross, Der Vogelkönig, 1987)

8. Ritualbausteine

"Und es ist gewiß eine grandiose Konzeption, die Phasen des menschlichen Lebens mit denen des tierischen und pflanzlichen Lebens zu verknüpfen und sie darüber hinaus – aufgrund einer gleichsam vorwissenschaftlichen Erkenntnis – mit den großen Rhythmen des Universums in Verbindung zu bringen" (van Gennep, 1986).

Wenn wir hier von Bausteinen reden, so meinen wir damit die Elemente aus denen Rituale zusammengesetzt sind. Rituale sind natürlich mehr als die Summe ihrer Teile. Trotzdem ist es unserer Meinung nach möglich und für die Konstruktion von therapeutischen Ritualen auch notwendig, bestimmte, allen Ritualen gemeinsame Grundelemente zu extrahieren. Das Zusammenspiel dieser Elemente oder Bausteine schafft die von Victor Turner hervorgehobene Flexibilität und Multidimensionalität des Rituals, und diese Eigenschaften wiederum machen seine spezifische Wirkkraft aus.

Mythos

"Der zu heilende Patient, der seine Seele und damit seine Lebensenergien und den Sinn des Lebens verloren hat, wird auf Sandbilder gelegt, die das Bild des Kosmos und der Schöpfung symbolisieren [...]. Eines der Sandbilder zeigt zum Beispiel einen der beiden Helden [...] auf dem Weg der Gnade oder dem "heiligen Weg des Blütenstaubs" zur Wohnstätte des himmlischen Vaters. Der Legende zufolge sollen sie dort, nachdem sie Wasser- und Feuerprobe bestanden und den Segen der Sonne erhalten hatten, in den Kreis der Geweihten aufgenommen worden sein" (aus der Beschreibung eines Navajo–Heilrituals, Scategni, 1994).

Mythen erzählen Geschichten aus der Vergangenheit oder, nach Eliade, von einem "...uranfänglichen und zeitlosen Augenblick, innerhalb einer Spanne sakraler Zeit" (1984, S. 65). Sie werden in der betreffenden Gesellschaft allgemein für wahr gehalten und erklären die grundlegenden Lebensfragen. So erzählt beispielsweise der biblische Mythos der Vertreibung von Adam und Eva aus dem Paradies, wie Sünde und Tod in die Welt kamen. Indem man einen Mythos erzählt, reaktualisiert man gewissermaßen die sakrale Zeit, in der sich die Schöpfungsereignisse vollzogen haben.

D'Aquili et al. (1979) gehen davon aus, daß Mythen Erklärungsmodelle sind, eine Art kognitiver Matrix, entstanden aus einem allgemein menschlichen Erklärungsbedürfnis, das sich vor allem auf Naturereignisse (Schöpfung der Welt, Menstrua-

8. Ritualbausteine

tion, Geburt, Krankheit und Schmerz, Tod, Ausbleiben des Nachwuchses, Naturkatastrophen, Ausbleiben der Ernte) bezieht. Ein Mythos macht schwierige Probleme des Lebens bildhaft begreiflich und bietet gleichzeitig modellhafte Verhaltensanweisungen. Das Ritual zeichnet gewissermaßen den Mythos oder Teile davon nach und löst das Problem auf eine in der Realität durchführbare, formalisierte und symbolische Art.

Auch in Heilritualen ist ein Mythos die Grundlage, auf der Ursprung, Fortbestehen und Behandlung einer Störung in ihrem weltlichen, kosmischen und göttlichen Ursprung beschrieben werden. Und auch hier wird mit Hilfe der Symbolik des jeweiligen Mythos das konkrete Problem angegangen (van der Hart, 1983, S. 15).

Symbolik, Symbole

> *"Dann führte der Heiler eine lange Reihe von Ritualen aus, darunter Maßnahmen wie die Anfertigung von Wachspuppen des Obersten der bösen Geister und seines Weibes; die der Heiler anrief, sie möchten der Patientin ihre Seele zurückgeben, sowie eine systematische Massage mit sechs ganzen Eiern, von denen geglaubt wurde, sie könnten etwas von der Krankheit aus dem Körper der Patientin absorbieren"* (Behandlung von "espanto" (= Symptome einer agitierten Depression) bei einer Indianerin in Guatemala, Frank, 1972, S. 94 ff).

Ein Ritual lebt nicht ohne Symbolik, die sich in Handlungen, Objekten und Sprache manifestiert (van der Hart, 1983). Die ganze Bedeutung eines Symbols läßt sich rational nur eingeschränkt erfassen, viele seiner Facetten werden nur unbewußt erfahren. Für Eliade (1984) und Jung (1985) gehört das Denken in Symbolen wesentlich zum Menschen: "Es ist der Vorläufer der Sprache und des diskursiven Denkens" (Eliade, 1986, S. 13). In ihrer Bildhaftigkeit dienen Symbole als "Werkzeug der Erkenntnis", Bilder sind ihrer Struktur nach "vielwertig" (ebd., S.16). Der Geist benötigt sie zur Erfassung der tiefsten Wirklichkeit, "...weil diese Wirklichkeit sich auf eine widerspruchsvolle, daher der Formulierung begrifflicher Art nicht zugängliche Weise, offenbart" (ebd.). Der Inhalt eines Symbols stammt aus dem "...Zwischenreich subtiler Wirklichkeit, die einzig eben durch das Symbol zureichend ausgedrückt werden kann" (Jung, ges. Werke, Bd.12, S. 328). Symbole haben Ausdrucks- und Eindruckscharakter zugleich, indem sie einerseits das innerpsychische Geschehen bildhaft ausdrücken und andererseits selbst die Psyche durch ihren Sinngehalt beeinflussen, der "...sich gleichsam in einem Bildstoff inkarniert hat" (Jacobi, in: Jung, 1985, S. 97). Innerpsychische Energien und Aspekte der Libido nehmen also in Symbolen Gestalt an, als "...Versuche eine

8. Ritualbausteine

Sache auszudrücken, für die noch kein Wortbegriff existiert" (Jung, ges.Werke, Bd.15, S. 81). Das Symbol trägt einen vordergründig unsichtbaren Archetypus und damit gleichzeitig alle Bedeutungen und Konnotationen desselben in sich.

Der Archetyp ist kein konkret in Zeit und Raum vorhandenes, sondern ein "inneres, in der menschlichen Psyche wirksames Bild" (Neumann, 1987, S. 19). Um dieses schwer zu fassende Phänomen zu veranschaulichen, unterscheidet Neumann vier Komponenten eines Archetypus:

1. Die *Dynamik* oder *emotionale Komponente* äußert sich unter anderem in energetischen Prozessen, die sich unbewußt oder vorbewußt abspielen (Emotionen, Ergriffensein von bestimmten Phänomenen und Projektionen).
2. Die *Symbolik* ist die Art, wie der Archetypus sichtbar wird. Er kann sich einerseits in Traum- und Phantasiebildern zeigen und andererseits in der Vergegenständlichung aus spontanen, kreativen Akten heraus (z.B. Kunst, Tanz, Improvisation).
3. Unter der *inhaltlichen Komponente* versteht er "...seinen [des Archetyps] vom Bewußtsein zu erfassenden Sinngehalt..." (Neumann, 1987, S. 19). Nicht nur innerpsychische Prozesse finden in Symbolen eine Form, sondern auch alle elementaren Naturvorgänge, die den Menschen als Teil der Natur betreffen. Zum Beispiel stehen Symbole der Wiedergeburt immer auch für die Uridee der seelischen Verwandlung, ob es als Taufe, als Initiation oder als Bild im Traum auftaucht.
4. Die *Struktur* des Archetypus setzt sich nun zusammen aus den ersten drei Komponenten, deren komplexes Geflecht den Archetypus so schwer fassbar macht.

Henderson (in: Jung, 1985) unterscheidet zwischen *natürlichen* und *kulturellen* Symbolen. *Natürliche* Symbole (die Archetypen) wurden und werden "...nie bewußt ersonnen, sondern vom Unbewußten produziert auf dem Wege der sogenannten Offenbarung oder Intuition" (Jung, ges.Werke, Bd. 8, S. 53). *Kulturelle* Symbole sind solche, die bewußt eingesetzt werden, um "ewige Wahrheiten auszudrücken" (Henderson, in: Jung, 1985, S. 93). Sie haben sich über Jahrtausende hinweg in den verschiedenen Kulturen und Religionen entwickelt und umgeformt, so daß sie aufgrund ihrer hohen psychischen Ladung selbst heute noch in uns Menschen des technischen Zeitalters eine besondere Ergriffenheit hervorrufen, die wir uns nicht so ohne weiteres erklären können. Im Ritual nun sind unserer Meinung nach sowohl natürliche als auch kulturelle Symbole enthalten. Wir gehen

8. Ritualbausteine

davon aus, daß die natürlichen Symbole eher in offenen Ritualteilen zu finden sind, weil hier Raum für den eigenen schöpferischen Ausdruck von Inhalten aus tieferen Schichten der Psyche ist. Die kulturellen Symbole treten in den geschlossenen Ritualteilen auf und vermitteln kulturelle Werte.

Handlung

"...der Helfer [gibt] einer Klientin eine chonta *[Hartholzstab] in die Hand, damit sie sich damit den Körper entlang streiche,[...]. Anschließend bläst er mit einer ausladenden Bewegung* agua florida *von unten nach oben über die Klientin..." (Andritzky, 1992, S. 112).*

Die (symbolische) Handlung zählt, wie die Symbole zu den wichtigsten Ritualbausteinen. Rituale zeichnen sich dadurch aus, daß die Themen, die sie beinhalten nicht nur durchdacht oder durchgesprochen, sondern durch (z.T. streng vorgeschriebene) Handlungen dramatisiert werden. Dabei ist wichtig, daß die rituellen Handlungen nicht nur instrumentellen sondern auch symbolischen Charakter haben. Dadurch unterscheiden sie sich qualitativ von Alltagshandlungen.
"Rituals are [...] customs with something extra: the acts refer to something else" (van der Hart, 1983, S. 4). Diese Verbindungen zu anderen Inhalten – die Konnotationen – können, müssen aber nicht bewußt sein. Sie können individuell bestimmt (z.B. mit der Kindheit verbunden) oder kulturell festgesetzt sein (z.B. Reinigung).
Außer durch ihren Symbolgehalt erlangen die Handlungen in einem Ritual ihre Besonderheit durch weitere Eigenschaften: sie sind *formalisiert* und *repetitiv*, sie verfügen über verschiedene Rhythmen und Tempi. Zum Beispiel unterstreicht eine langsame Handlung die Wichtigkeit oder Feierlichkeit eines Aktes, während beschleunigte Handlungen starke Energien ausdrücken können.

Formalisierung

"Nachdem alle da waren, hielt der Heiler seinen Einzug, schüttelte allen die Hände und überprüfte sorgsam die Vorbereitungen" (Frank, 1972, S. 95).

Die Handlungen innerhalb eines Rituals sind in verschiedenem Ausmaß formalisiert d.h., die Form der Handlung erfährt eine mehr oder minder große Festlegung. Das *Wie* bei der Durchführung der Handlungen wird damit zum Bedeutungsträger, was meist im Zusammenhang mit der Symbolik steht (z.B. Liturgie). Rituale sind gewöhnlich durch einen hohen Grad an Formalisierung und Rigidität gekennzeichnet. Es kommen aber sowohl *mehr* als auch *weniger* festgelegte Handlungsabläufe vor.

8. Ritualbausteine

Verschiedene Autoren (z.B. Grimes, 1982; Myerhoff, 1977; van der Hart, 1983) treffen aufgrunddessen die Unterscheidung zwischen *offenen* und *geschlossenen* Teilen im rituellen Prozeß. Offene Teile lassen Raum für Improvisation, während geschlossene Teile stark vorgeschrieben sind. Grimes nimmt zusätzlich sogenannte "low ritual moments" an (1982, S. 54): Das sind Momente, in denen sogar die Grenzen des 'Normalverhaltens' (das ja auch durch die Sozialisation formalisiert wurde) aufgelöst werden. Als Beispiel für ein solches "entformalisiertes Verhalten" (ebd., Übers. d. Verf.) kann man Fasnachtsbräuche anführen. Im Schutz der Maske dürfen an bestimmten festgelegten Tagen im Jahr Verhaltensweisen an den Tag gelegt werden, die ansonsten mit einer Einlieferung in die Psychiatrie oder anderen Sanktionen belegt würden.

Wiederholung

Das Element Wiederholung ist kennzeichnend für alle traditionellen Rituale. Es kann einzelne Ritualteile betreffen oder das Ritual als Ganzes. Häufig werden Gesten, Lieder, Formeln und Handlungen im Ritualablauf mehrfach wiederholt, um bestimmte Effekte zu erzielen (Rhythmus herstellen, die Wichtigkeit unterstreichen, Trancezustände fördern). Das Ritual als Ganzes kann sich einerseits *in der Biographie eines Menschen* wiederholen (z.B. regelmäßig: Weihnachten, unregelmäßig: Genesungsrituale), andererseits kann ein Ritual, das im Leben des Einzelnen nur einmal durchgeführt wird, sich *innerhalb einer Gemeinschaft* mehrmals wiederholen. Van der Hart (1983) geht davon aus, daß die Rigidität eines Rituals mit der Anzahl seiner Wiederholungen steigt. Trotz der Wiederholungen bei gleicher Basisstruktur bleibt doch jedes Ritual einzigartig. So kennt sicher jede/r aus eigener Erfahrung den Unterschied zwischen dem diesjährigen und dem letztjährigen Weihnachtsfest.

In der Wiederholung spiegelt sich die Erkenntnis der Menschen vom ewigen Rhythmus des Werdens und Vergehens wieder. Jahreskreisfeste, zum Beispiel, verdeutlichen in einem überschaubaren Zeitabschnitt Geburt, Blüte, Frucht, Ernte, Tod, Verfall und Wiedergeburt.

Thema / Botschaft

Rituale behandeln immer bestimmte Themen. Diese Themen können sowohl durch einen *religiösen Mythos* (z.B. Initiation, Heilung) als auch durch bestimmte Lebenssituationen des Individuums in seinem *sozialen Umfeld* (z.B. Abschiedsfeier, Amtseinsetzungszeremonien) vorgegeben werden. Diese beiden Bereiche über-

8. Ritualbausteine

schneiden sich stark (man denke nur an den Satz "so wahr mir Gott helfe" bei Vereidigungen von Politikern in weltlichen Ämtern oder an eine christliche Beerdigung, die sowohl die Übergabe des Verstorbenen in Gottes Hände als auch den ganz persönlichen Abschied von der Person beinhaltet).

Dabei lassen sich unserer Meinung nach zwei Klassen von Themen hierarchisch anordnen: *Abstrakte* Themen (z.B. Zugehörigkeit zur Gruppe, Rollentausch, Krise, Heilung, Übergang) bilden eine Art Tiefenstruktur der Rituale, während Themen mit *konkretem Inhalt* (z.B. Fahneneid, Initiation, Hochzeit) die Oberflächenstruktur darstellen. Bei einem Amtseinsetzungsritual beispielsweise geht es vordergründig darum, eine neue Person in ein bestehendes Amt einzuführen, hintergründig um Veränderung und gleichzeitige Absicherung der bestehenden Strukturen.

Kommunikationscode

Rituale übermitteln Botschaften und sind in diesem Sinne Informationsträger. Van der Hart schreibt: "The ritual is a form of communication where meanings are conveyed and people are incited to action" (1983, S. 15). Ein Kommunikationskode legt fest, welche Arten von Informationen wie ausgetauscht werden. Rituale verfügen über einen Kommunikationskode, der als begrenzt[4]* bezeichnet wird. In diesem Kode ist die Struktur (aber nicht der Inhalt) der Kommunikation einfach und vorhersagbar. Die nonverbale Kommunikation dominiert. Im Ritual findet keine Metakommunikation, zum Beispiel über Rollen, Werte oder Beziehungen statt, sondern diese werden verwirklicht und damit implizit übermittelt (z.B. soziale Hierarchien). In der Form der Rituale äußert sich deren Bedeutung: sie sind Modelle (van der Hart, 1983, S. 15). Der begrenzte Kommunikationscode enthält Symbole, die neben ihrer kulturell determinierten Bedeutung Raum lassen für eine neue, individuelle Interpretation. Dadurch erhalten Rituale ihre besonderen Eigenschaften wie: Offenheit, Multifunktionalität und Möglichkeit der mehrdeutigen Interpretation.

---

[4] Die Unterscheidung zwischen begrenzt (restricted) und elaboriert (elaborated) geht zurück auf Bernstein (1962 ,1964, 1976), der damit verschiedene Arten des Sprachgebrauchs unterschied.

Sprache und Geräusche

"Es enwickelt sich nun eine vielfältige Geräuschkulisse. Der Helfer pfeift und rasselt, fragt die Klientin nach ihrem Namen und beginnt mit Anrufungen, die Reinigungswünsche für die Klientin enthalten" (aus einer Beschreibung des nordperuanischen mesa-Rituals v. Andritzky, 1992, S. 112).

Oben erwähnten wir, daß Rituale als Kommunikation sehr stark im nonverbalen Bereich wirken, auch der Sprache und gesprochenen Texten kommt wichtige Bedeutung zu.

Nach Schömbucher-Kusterer (1994) ist der Text, der während eines Rituals gesprochen wird, einer der wesentlichen Heilfaktoren. Wichtig ist dabei die *Performanz* des Textes, also Inhalt und Form des Gesprochenen: *was* wird *wie* gesagt.

Auch Grimes (1982) sieht in der Sprache und den Geräuschen, die im Ritual verwendet werden, einen wichtigen Faktor. Es verändert die Wirkung eines Textes, je nachdem, ob er deutlich oder undeutlich gesprochen wird, ob er in moderner oder archaischer Sprache formuliert ist, ob er in Teilen durch Rasseln und Tiergeräusche untermalt, oder als Singsang gemurmelt wird. Einzelne Worte können stark betont und mehrfach wiederholt werden, dieselbe Bedeutung kann in verschiedenen Worten wiederholt werden. Texte können durch obskure Worte schwerer verständlich gemacht werden. Der Sprechrhythmus kann sich immer wieder ändern und sich von der Alltagssprache unterscheiden.

Sensorische Reize

"Als sie zurückkehrten, wurde ein großes Essen aufgetragen. Die Patientin selbst aß nichts, bekam aber von allen Anwesenden Komplimente über ihre Küche" (Frank, 1972, S. 96).

Die wichtigsten physiologischen Komponenten des Rituals sind Farben und Formen von Kleidung, Schmuck, und Requisiten, Gerüche von Essenzen, Geschmack von Speisen und Getränken, Rythmus von Tänzen und Gesängen. Während des Rituals strömen sie in ihrem komplexen Zusammenspiel auf den Organismus ein und entfalten dort ihre vielschichtige Wirkung.

Andritzky (1992) verweist in diesem Zusammenhang auf den hohen Anteil an nicht-verbalen Elementen in traditionellen Heilritualen im Gegensatz zu unseren westlichen Therapiesituationen, in denen der Gesprächsanteil häufig überwiegt.

8. Ritualbausteine

Substanzen

"Der Heiler besprühte [die Patientin] am ganzen Körper mit einer magischen Flüssigkeit, die [...] einen hohen Alkoholgehalt hatte [...]. Schließlich trank sie nicht ganz einen halben Liter von der Flüssigkeit" (Frank, 1972, S. 97).

In vielen Ritualen werden Substanzen verschiedener Art eingesetzt, die reinigend, entspannend, heilend (z.B. Tees, Kräutermischungen) und bewußtseinsverändernd (z.B. Halluzinogene, Weihrauch) wirken.

Die bewußtseinsverändernden Substanzen verhelfen sowohl HeilerInnen als auch TeilnehmerInnen zu einem Zustand, in dem sie offener für Inhalte aus dem Unbewußten und Vorbewußten werden, wodurch sich das emotionale und kognitive Spektrum erweitert. Die Bedeutsamkeit dieses äußerst kreativen Parts wird oft unterschätzt und kann in der westlichen Psychotherapie (noch) nicht zum Einsatz kommen, da bisher in Gesetzgebung und Öffentlichkeit nicht zwischem sinnvollem Gebrauch und schädlichem Mißbrauch von psychoaktiven Substanzen unterschieden wird. Deshalb verzichten wir – trotz umfangreicher Forschungsliteratur zu diesem Thema – an dieser Stelle auf eine ausführlichere Beschreibung.

Zeit und Raum

Rituale finden unter bestimmten Rahmenbedingungen statt, die nicht zufällig sind. Außerdem verändern sich im Ritual Zeit- und Raumdimensionen *qualitativ* (vgl. Teil I, Eliade).

Die *Zeitpunkte*, die für Rituale gewählt werden, stehen im Zusammenhang mit dem Ritualinhalt. Rituale können sich punktuell auf bestimmte Ereignisse (z.B. Krankheit, Unfall, Sonnenfinsternis) oder auf Naturrhythmen (z.B. Sonnwendfeier, Mondwechsel) beziehen. Sie können zu festgelegten Tages- oder Nachtzeiten stattfinden (z.B. Abendgebet) und sie können regelmäßig oder unregelmäßig ausgeführt werden.

Sie können tagelang andauern oder in weniger als einer Stunde beendet sein. Die *Dauer* eines Rituals hängt tendenziell mit der Häufigkeit seiner Durchführung zusammen. So dauert beispielsweise ein Initiationsritual, das ja nur einmal im Leben des Menschen durchgeführt wird, mehrere Tage bis Wochen. Das Osterfest unseres Kulturkreises, das einmal pro Jahr stattfindet, dauert drei bis vier Tage. Die christliche Messe, die einmal pro Woche zelebriert wird, dauert ungefähr eine Stunde.

8. Ritualbausteine

Schließlich haben auch die *Zeiten*, die das Ritual miteinbezieht, eine große Bedeutung: Der rituelle Prozess kann die Vergangenheit behandeln (z.B. indem verstorbene Ahnen anwesend sind oder wenn ein Abschied zelebriert wird) und sich gleichzeitig auf die aktuelle Situation beziehen. Das Ritual wird gegenwärtig erlebt und betrifft zugleich die nahe und fernere Zukunft der Teilnehmenden (z.B. Heilung von Krankheit, Ritual zum Jahreswechsel).

Ähnlich wichtig sind die *räumlichen Gegebenheiten*, in denen ein Ritual stattfindet. Für jedes Ritual wird ein geweihter oder heiliger Raum abgesteckt, der das Geschehen vom profanen Leben abhebt. Ritualorte sind meist als heilige Stätte markiert und geweiht. Die räumlichen Qualitäten des Ritualortes haben symbolische Bedeutung und sind zudem mit meist vielfältigen Symbolen ausgestattet. Beispiele dafür sind: Höhlen, Steinkreise, Kirchen, Tempel, markante Punkte in der Natur.

Rollen

> *"G. [= der Heiler] ergreift sogleich eine* chonta, *sprüht einen Mund voll* agua florida *gegen das Fenster, macht Fechtbewegungen mit einem Säbel gegen einen imaginären Feind und murmelt 'da ist so ein Hexer, da sind sie...'"* (Andritzky, 1992, S. 113).

Die Teilnehmer übernehmen immer bestimmte Rollen, eine Ritual–Identität (Grimes, 1982). In welche Rollen sich die Ritualteilnehmer begeben (z.B. Heiler, Priester, Schamane, Tier, Gott, Opfer, Kranke/-r), ob diese Rollen fest sind oder wechseln, ob, und wenn ja, welche Namen vergeben werden, bestimmen die Qualität eines Rituals entscheidend mit: Die Menschen, die an einem Ritual teilnehmen bringen sich ins Geschehen ein. Sie spielen nicht nur eine Rolle wie im Theater, sondern sie *identifizieren* sich, *sie handeln und erleben sich als Ritualfigur* (Eliade, 1984, Grimes, 1982). Sie verknüpfen mit ihrer Rolle bewußt oder unbewußt eigene Erfahrungen, seien sie biographischer oder kollektiver Natur und sind so innerlich daran beteiligt. Wird ein Ritual nur noch als Routine abgehakt (z.B. der sonntägliche Kirchgang), so hat es bestenfalls den Effekt, eine gewisse Konformität und Kontinuität zu demonstrieren. Es wird aber für den Einzelnen bedeutungslos, leer, es führt weder zu besonderen Gefühlszuständen, noch zu reichhaltigen imaginativen Erfahrungen (Van der Hart, 1983). Leere Rituale können unter bestimmten Bedingungen auch ihre einmal verlorene Bedeutung wieder erlangen (z.B. in Zeiten der Bedrohung).

9. Heilkraft und Wirkung von Ritualen

In diesem Abschnitt stellen wir die Faktoren vor, auf denen die heilende Kraft von Ritualen basiert. Die Heilkraft kann sich unserer Meinung nach in religiösen, gesellschaftlichen, und therapeutischen Ritualen weitgehend unabhängig von ihrem jeweiligen kulturellen Kontext entfalten. Deshalb werden wir nicht auf die Unterschiede eingehen, obwohl anzunehmen ist, daß es zusätzlich kontextspezifische Heilfaktoren gibt.

Zum größten Teil stützen wir uns bei unseren Ausführungen auf Theorien und Hypothesen, denn, mit Ausnahme der Forschung zu Effekten von bewußtseinsveränderten Zuständen, sind empirisch-statistische Studien zu Ritualen nur äußerst spärlich vorhanden. Vor allem die *Wechselwirkungen* bei dem Zusammenspiel mehrerer dieser Wirkfaktoren wurden noch nicht erforscht. Das liegt sicher daran, daß die Effektivitätserforschung "...im konkreten Setting der traditionellen Medizin nur schwer realisierbar" sein dürfte (Andritzky, 1992, S. 116), und daß andererseits psychologische Forscher erst in jüngster Zeit den Versuch unternommen haben, Rituale und die darin enthaltenen Heilwirkungen in die uns westlichen PsychologInnen geläufige Terminologie zu übersetzen. Darüberhinaus haben die empirischen Forschungsanstrengungen dort ihre Grenzen, wo Weltanschauungen kulturell bedingt *zu* unterschiedlich sind: Einige der in anderen Kulturen ganz selbstverständlich akzeptierten Phänomene (z.B. böse Geister) können wir nicht rational, sondern nur durch eigene Erfahrungen erfassen.

Modell zur Beschreibung von Wirkfaktoren am Beispiel des nordperuanischen mesa-Rituals

Andritzky (1992) bestimmte anhand von Feldstudien über die *mesa*-Rituale in Lima und im nordperuanischen Hochland *therapeutische Wirkfaktoren* im Sinne unserer westlich-psychologischen Theorien. Er geht davon aus, daß es trotz der äußerlichen Buntheit und Vielfalt der Heilrituale verschiedener Kulturen eine "...hohe transkulturelle Homogenität der jeweils präsenten Wirkfaktoren..." (S. 103) gibt. Aus der Untersuchung der *mesa*-Rituale extrahierte er folgende störungsunabhängig wirksame Elemente:

- "Common factors" im Sinne von Frank (1974; 1981), der sowohl verschiedene westliche Psychotherapieverfahren als auch die anderer Kulturen berücksichtigte;
- Gesundheitspsychologische Konzepte, wie soziale Unterstützung und Stressbewältigung;

- Symbolisches Heilen: Das Problem kann auf einer symbolischen Ebene betrachtet und geheilt werden und dennoch vom Klienten als reale Veränderung erlebt werden;
- Veränderte Bewußtseinszustände: Sowohl PatientInnen als auch HeilerInnen begeben sich während der meisten Rituale in tranceartige Zustände, die durch verschiedene Induktionstechniken oder Substanzen hervorgerufen werden.
- Psychophysiologie: Durch vielfältige sensorische Stimulation wird sowohl im Individuum als auch über die Individuen hinweg ergotrop-trophotrope Balance hergestellt.
- Wirkung von Musik, Rhythmus und Heilsuggestionen: Musik und Rhythmus haben tranceinduzierende Effekte, so daß das Individuum Heilsuggestionen besser aufnehmen kann. Dadurch wird für die Klienten ein Lernfeld vorbereitet und Ängste und Vorurteile abgebaut.
- Familientherapeutische Aspekte: Durch die Teilhabe der Angehörigen am Heilungsprozess wird der Betroffene entlastet. Es wird für alle deutlicher, daß Krankheit und Heilung Teil der jeweiligen Familiendynamik sind.
- (Heil-)Suggestionen: Andritzky (1992) weist auf die besondere Effektivität von Suggestionen im rituellen Kontext hin. Suggestionen wirken, weil sie in Kombination mit ritueller Trance und weiteren sensorischen und symbolischen Informationen gegeben werden.

Ausgehend von den oben genannten Wirkfaktoren wollen wir im folgenden die psychischen Bereiche skizzieren, auf die in Ritualen Einfluß genommen wird: Den kognitiven Bereich, den Bereich des Unbewußten, den physiologischen und den psychosozialen Bereich.

Theorien und Möglichkeiten zur Erklärung der therapeutischen Wirkung im körperlich-seelischen Bereich:

Kognitiver Bereich:

Kognitive Strukturierung

John McManus (in: d'Aquili, McManus § Laughlin, 1979) stellt die Einflüsse des Rituals auf das informationsverarbeitende System des Menschen in den Vordergrund seiner Betrachtung. Er siedelt seine sozial-kognitive Theorie zwischen der Piagetschen Theorie der kognitiven Entwicklung des Menschen und den anthropologischen Beschreibungen ganzer Gesellschaftssysteme an. Rituale betrachtet er als einen Puffer (S. 217), der zwischen dem Prozess der Verarbeitung von Umweltformationen und dem Handeln in der Umwelt steht. Als Grundlage verwendet McManus die Theorie konzeptueller Systeme von Harvey, (1961) und Schroder, et al. (1967, 1972). Diese Theorie geht von vier Stufen der Entwicklung aus, die eine feste Abfolge von desorganisierter und undifferenzierter Informationsverarbeitung (z.B. bei einem Kleinkind) bis hin zu großer Komplexität und Organisiertheit im Denken bilden (z.B. bei einem Erwachsenen, der fähig ist, viele verschiedene Informationen zu ordnen und zu kombinieren). Die vier Stufen fortschreitender integrativer Komplexität postuliert er sowohl für die sozialen Konzepte von Individuen als auch für die gesellschaftlicher Gruppen. McManus sieht einen kurvilinearen Zusammenhang zwischen der Komplexität der Lebensumgebung eines Menschen und der Informationsverarbeitungsebene, auf der er steht: Das heißt, soziale Umweltreize können nur dann optimal verarbeitet werden, wenn ihre Komplexität und Intensität für die entsprechende Stufe weder zu hoch noch zu niedrig ist. Werden die Umweltreize zu komplex oder zu intensiv (z.B. in Beziehungs- oder Identitätskrisen), dann fällt der Mensch auf eine einfachere Form der Informationsverarbeitung zurück, dadurch ist er in seinem funktionalen Handlugsspielraum eingeschränkt und weniger flexibel in der Anpassung an die Umwelt. In einem solchen Fall können Rituale adaptive Funktionen vorrübergehend übernehmen, um damit einem Zusammenbruch des kognitiven Systems vorzubeugen oder ihn aufzuhalten. Im folgenden beschreiben wir die drei adaptiven Funktionen des Rituals und ergänzen sie durch weitere Thesen:

Konservierung des kognitiven Systems

Rituale helfen die Autoregulation des kognitiven Systems zu konservieren, indem sie im Fall von streßreichen Ereignissen formalisierte Antworten bereithalten. Rituale erleichtern durch ihre feste Struktur vorgeschriebener Handlungsabfolgen die Gewöhnung an die Fülle neuer Reize und intensiver Affekte, wie sie z.B. in einer Krisensituation auftreten, in der das Individuum meist überfordert ist. Rituale schaffen eine Brücke zwischen Wahrnehmung und Bewertung der Umwelt einerseits und dem Handeln in der Umgebung andererseits. Sie bieten am Rande des Alltags einen geschützten Ort, an dem mit Hilfe einer äußeren Struktur eine innere wieder aufgebaut, gefestigt und bestätigt wird. Klassische Beispiele für diese Ritualfunktion sind Trauer- und Abschiedsrituale (vgl. Canacakis, 1987, 1990; van der Hart, 1982, 1983).

9. Heilkraft und Wirkung von Ritualen

Veränderung des kognitiven Systems

Nicht nur in extremen Krisensituationen übernehmen Rituale adaptive Funktionen: McManus versteht Rituale ganz allgemein als Mediatoren, die den Sozialisationsprozess fördern. Man kann also Rituale als besonders effektive soziale Lernsituation betrachten und davon ausgehen, daß sie geeignet sind, Einstellungen zu verändern und daß sie damit zusätzlich zu therapeutischen Effekten im klinisch-psychologischen Sinne Präventivcharakter aufweisen, denn

- sie transportieren über Mythen und Verhaltensformeln die sozialen Normen der kulturellen Gruppe;
- sie ermöglichen es, durch ihre hervorragende Bedeutung, Festlichkeit und Buntheit sehr viele unterschiedliche Menschen gleichzeitig zu erreichen;
- sie schaffen eine einheitliche Kommunikationsgrundlage, indem sie durch bestimmte Techniken die allgemeine Aufmerksamkeit fokussieren und die Bewußtseinslage einer zunächst heterogenen Gruppe homogenisieren;
- Informationen werden über verschiedene Kommunikationsformen (Sprache, Metaphern, Bilder, Symbole) vermittelt, so daß die TeilnehmerInnen über alle Kanäle angesprochen werden, was einer Optimierung des Lernprozesses entspricht;
- durch aktive Teilnahme wird die Aufmerksamkeit beim Geschehen gehalten und ablenkende Kognitionen ausgeblendet;
- Rituale enthalten Verstärkermechanismen verschiedener Art (z.B. Euphoriegefühle, soziale Verstärker), so daß erworbenes Wissen und Gefühle der Zugehörigkeit über die Erfahrung des Rituals hinaus gefestigt werden. Später wird das Gelernte außerdem durch weitere Ritualfeiern in der Gemeinschaft reaktiviert und intermittierend verstärkt.

Allerdings hängen Flexibilität und Freiheitsgrade des Handelns auch von der *subjektiven Effektivitätserwartung* der betreffenden Person ab, die nach Bandura aus vier Arten des Lernens entstehen kann: 1) Lernen aus Erfahrung, 2) argumentative oder suggestive Überzeugung, 3) Beobachtungslernen und 4) die Wahrnehmung eigener physiologischer Zustände. Im Ritual können unserer Meinung nach alle vier Lernarten vertreten sein: Indem man beispielsweise eine Nacht alleine draußen verbringt, lernt man aus eigener Erfahrung, daß man Angst ohne die Hilfe anderer durchstehen kann; Suggestionen für einen positiven Ausgang des Problems geben die Mythen, Symbole und ausgesprochenen Wünsche; durch Beobachtung der Handlungen des Ritualleiters und der anderen Teilnehmenden kann ein Mensch lernen, selbst mit dem Problem umzugehen, sei es auf symbolischer oder realer Ebene.

Rollen und Identitätsfindung

Im Ritual nehmen Menschen verschiedener Altersstufen und verschiedenen Geschlechts unterschiedliche vorgegebene Rollen ein (z.B. Mythologische Figur, Helfer, Beobachter, Interpret). Durch Imitation, Beobachtungslernen und Fokussierung auf spezielle Rollen (z.B. Initiand im Initiationsritual), haben Heranwachsende und Erwachsene immer wieder Gelegenheit, exemplarisch alters- und geschlechtsspezifische Aufgaben kennenzulernen und auszuprobieren. Somit bilden die Rollen im Ritual das Gerüst, an dem sich das Individuum zunächst orientieren kann. Die Übernahme dieser Rollen dehnt sich über das Ritual hinweg auf den Alltag aus, weil sie in der relevanten sozialen Gruppe stattfindet und von ihr anerkannt wird, und sie legt den Grundstein für die individuelle Identitätsfindung bezogen auf den jeweiligen Lebensabschnitt.

Rituale liefern nicht nur ein kognitives Konzept bezüglich des sozialen Zusammenlebens, sondern sie weisen darüberhinaus jedem Individuum einen Platz im größeren Zusammenhang von Natur und Kosmos zu. Nach Quekelberghe (1994) ist eine der wichtigen Grunddimensionen symbolischen Heilens die Betonung "...einer kosmozentrierten, integrierten, ökologischen und harmonischen Sicht des Menschen". Dies impliziert, daß HeilerInnen und TherapeutInnen ein neues Weltbild übermitteln, falls es nicht sowieso schon vom Klienten (bzw., von der kulturellen Gruppe, der beide angehören) geteilt wird. Die Vermittlung eines Weltbildes ist keine Besonderheit der Rituale. Sie geschieht implizit in jeder Therapie, nur in den verschiedenen Therapierichtungen vielleicht unterschiedlich deutlich.

Informationsverarbeitung

Revenstorf (1985) unterscheidet Interventionsstrategien, die sich auf *verbale* Informationsverarbeitung stützen von solchen, die auf *nonverbaler* Informationsverarbeitung basieren. Rituale lassen sich keiner dieser beiden Kategorien eindeutig zuordnen, sondern sie nehmen unserer Ansicht nach eine Zwischenposition ein. Sie stützen sich sowohl auf verbale als auch auf nonverbale Informationsverarbeitung.

Verbale Informationsverarbeitung:

> *"Die verbale Repräsentation von Erfahrungen ermöglicht einen therapeutischen Zugang, der argumentativ, in Form von Selbstverbalisierungen oder in einer schrittweisen rationalen Analyse die Denkgewohnheiten des Klienten verändern hilft" (Revenstorf, 1985, S. 13).*

Die verbale Informationsverarbeitung benutzt Verkürzungen (Generalisierungen, Verzerrungen und Tilgungen), um die Fülle der Reize, sowohl aus der Umwelt, als auch aus den internen Gedächtnisspeichern übersichtlicher zu machen. Dies ist in vielerlei Hinsicht nützlich und notwendig, um kurzfristig stets handlungsfähig zu bleiben. Aus der Verkürzung des sensorischen Inputs und infolge der verbalen Tiefenstruktur, in der eine Information im Langzeitgedächtnis gespeichert wird, rekrutiert das Individuum seine speziellen Auffassungen von der Wirklichkeit. Dieselben Mechanismen können sich aber auch negativ auswirken, wenn beispielsweise das Bild von der Wirklichkeit zu stark verzerrt wird. Die Brille der eigenen Einstellungen durch die die Umwelt wahrgenommen wird, ist sozusagen unscharf. Weichen diese Einstellungen zu sehr von denen der umgebenden sozialen Gruppe, d.h., von der jeweiligen zeitlich und kulturell gebundenen 'Normalität' ab, so ist die Anpassung des Betreffenden an seine soziale und physische Umgebung gefährdet.

Unserer Meinung nach hat das Ritual in seiner Geschichte der Entstehung und Ausformung einen Teil der selektiven Verkürzungen übernommen, und zwar in Form von Symbolisierung. Informationen, die für das ganze Sozialleben in einer Kultur relevant sind, werden in Ritualfeiern in konzentrierter Form weitergegeben. Gemeinsame Einstellungen werden hergestellt und bestätigt. <u>Im Ritual leben die Menschen ein Stück 'gemeinsamer Wirklichkeit'</u>.

Wirkung von Gesprächen und Texten:
Im Verlauf von Heilritualen kommt es an manchen Stellen zu Gesprächssequenzen zwischen Heiler und Klient, die den therapeutischen Gesprächen in unserem westlichen Sinne ähneln, und die dazu dienen, eine Diagnose zu stellen und eventuell hinderliche Einstellungen zu modifizieren. So wird im peruanischen *mesa*-Ritual immer wieder beschrieben, daß sich der Heiler mit dem Klienten für eine Weile absondert und mit ihm über dessen Situation spricht (vgl. Andritzky, 1992). Zudem werden für jede Ritualart entsprechende Texte rezitiert. Schömbucher-Kusterer (1994) geht davon aus, daß die heilende Wirkung von Texten auf drei Ebenen der Wahrnehmung ansetzt:

- Die *unterschwellige* Wahrnehmung von rhythmischen und sprachlichen Besonderheiten (z.B. Obskurität, Archaismen), die den Text von der Alltagssprache absetzen, läßt den Text heilig erscheinen. Dadurch erlangt das Gesagte eine gewisse Autorität und die Inhalte wirken für den Klienten oder die Klientin glaubhafter.
- Das *bewußte* Wahrnehmen des Inhalts der Texte führt zum Veständnis der Textinhalte. Dabei muß der Inhalt nicht konkret die Situation eines Individu-

9. Heilkraft und Wirkung von Ritualen 57

ums bezeichnen. Meist werden sogar mehrere Analogien oder Metaphern für dieselbe Information gewählt, was die Textwirkung verstärkt.
- Der Text wird interpretiert. Das bedeutet: die TeilnehmerInnen eines Rituals wählen eine Bedeutung aus, die für sie zutreffend scheint. In den meisten traditionellen Heilritualen wird die Deutungsarbeit nicht nur vom betroffenen Individuum geleistet, sondern auch von Autoritätsfiguren (z.B. Stammesältester) oder den übrigen Gruppenmitgliedern.

Nonverbale Informationsverarbeitung:

Während die verbale Repräsentation hierarchisch angeordnet und an anderer Stelle gespeichert wird, wird die nonverbale Repräsentation nach Revenstorf (1985) "...gemäß den einzelnen Sinneskanälen [...] mit quasi analogem Charakter ..." (S. 17) kodiert.
Die nonverbal gespeicherten Inhalte zeichnen sich dadurch aus, daß sie zum einen Erfahrungen aus der frühen Kindheit erfassen, aus einem Alter also, in dem der junge Mensch noch nicht über Sprache verfügt; zum anderen können wahrscheinlich viele Reize fast gleichzeitig in spezifischen Repräsentations- und Assoziationsfeldern abgespeichert werden (z.B. visuell, taktil, auditiv, olfaktorisch und somatosensorisch). Aufgrund dieser Befunde wird angenommen, daß im nonverbalen Langzeitgedächtnis viel mehr kodiert wird, als wir in einer Situation bewußt aus dem Kurzzeitspeicher erinnern. Revenstorf (1985) folgert, daß die nonverbale Repräsentation daher vollständiger sein müßte als die verbale, und daß es günstig für die Therapie ist, solche nonverbalen Erinnerungen zu aktivieren und mit ihnen zu arbeiten.
Die nonverbale Informationsverarbeitung entscheidet mit darüber, welche Handlungen ein Organismus aufgrund vorangegangener Bewertungsprozesse ausführen wird. Revenstorf (1985) unterscheidet gewohnheitsmäßig ablaufende Handlungen (z.B. Rauchen, Autofahren) von Handlungen, zu denen sich das Individuum spontan entscheidet. Der Handlungsentschluß kann sowohl auf emotionalem als auch auf rationalem Weg gefasst werden. (S. 22) Während rationale Entscheidungen über die verbale Repräsentation verarbeitet werden und der Mensch sich dabei an die Regeln der Logik hält (vgl. TOTE-Modell, Miller, Galanter & Pribram, 1960), beruhen emotionale Entscheidungen auf (nonverbal repräsentierten) Basisemotionen, die deutliche Handlungsimplikationen haben (Izard, 1977; Plutschik, 1980; Ekman, 1982; in: Revenstorf, 1985). Diese Basisemotionen können auf folgenden drei Dimensionen beschrieben werden: Aktivität, Potenz und Bewertung.

Osgood (1956) fand in unterschiedlichen Kulturen diese drei Dimensionen immer wieder in den Konnotationen von Wortbedeutungen, die nicht den realen Inhalt der Worte sondern deren Gefühlsgehalt wiedergeben. "Die konnotative Bedeutung einer Sache oder Situation ist die verbale Beschreibung einer nonverbalen Einschätzung, wie es scheint" (Revenstorf, 1985, S. 23). Sie käme folglich der emotionalen *Einschätzung* gleich, nicht aber der emotionalen *Reaktion* (d.h. der Entstehung eines Gefühls). Beide zusammen bilden laut Revenstorf das emotionale Orientierungssystem (ebd.).

Rituale scheinen für uns eher eine emotionale Entscheidung zu fördern, da sie zum einen potente Mittel enthalten, Basisemotionen anzusprechen. Zum anderen verfügen sie über nonverbale Elemente (z.B. aufwendige Inszenierungen), die geeignet sind, starke Gefühle hervorzurufen. Dadurch wird der Zugang zum Menschen vollständiger als er es ist, wenn nur Sprache und Texte verwendet werden. Mithilfe der szenisch-bildhaften als auch der verbalen Ritualbausteine werden also gleichzeitig rationale *und* emotionale Entscheidungsmöglichkeiten eröffnet und dadurch der Handlungsspielraum der KlientInnen erheblich erweitert.

Handlungstheorie

Nach handlungstheoretischer Sicht (Boesch, 1980) konstituieren Handlungen die Wirklichkeit eines Menschen. Das heißt, das Handeln beeinflußt unsere Art die Umwelt wahrzunehmen und zu deuten, wobei die Umwelt wiederum Einfluß auf unsere Handlungen nimmt. Boesch weist darauf hin,

> *"...daß die Erlebniskonnotationen des Handelns aus verschiedenen Quellen gespeist werden [...]: kulturelle Bedeutungsnetze, Assoziationen mit früheren Erlebnissen und Antizipationen, Wünsche, Hoffnungen, Befürchtungen realistischer, wie fantasmischer, gewollter, wie verdrängter Art" (S. 222).*

das Erleben bestimmen. Nach Boesch wird unser aktuelles Handlungserleben auch im Ritual durch diese verschiedenen Komponenten gesteuert. Zum Beispiel enthält ein Symbol ein Netz von kulturell festgelegten Bedeutungen, individuelle Erfahrungen und persönliche Wünsche und Erwartungen. Der Umgang mit dem Symbol im Ritual ist also ein Erlebnis von individueller Qualität (Valenz). Rational ist dieses Erleben schwer zu fassen. Denn im Ritual wird "...wenigstens für eine bestimmte Zeit ein Stück [der] intellektuellen Autonomie aufgegeben" (S. 223). Deshalb verliert jemand, der sich einem Ritual unterwirft für den Moment einen Teil seiner Freiheit. Beispielsweise fühlt er sich veranlaßt, vorgeschriebene Handlungen auszuführen. RitualteilnehmerInnen fügen sich vorübergehend in teilweise unangenehme oder angsterzeugende Situationen mit relativer Unfreiheit (erzeugt durch den Gruppendruck, z.B. bei schwierigen Initiationsprüfungen). Dazu erleben sie die rituellen Inhalte meist als *zwiespältig* (Symbole und Gestalten bedeuten beispielsweise gleichzeitig Bedrohung und Schutz, Strafe und Heilung, Erregung und Beruhigung) Dies schafft Verunsicherung und weicht verkrustete Strukturen auf. Am Ende des Rituals werden Unsicherheiten wieder aufgehoben und neue Ordnungen eingeführt. Vereinfacht ausgedrückt: Es handelt sich um einen Mechanismus 'Verunsicherung-Handeln-Neuordnung'. Sie schaffen ein Gleichgewicht zwischen individuellen Bedürfnissen und Forderungen der Gesellschaft; Klienten können ihr Handeln wieder als konsistent erleben, Ordnungen (an-) erkennen, indem sie sich eine neue innere Ordnung, bzw., Struktur geschaffen haben.

Paradoxes Nebeneinander

Rituale haben integrativen Charakter insofern als verschiedene Handlungsaspekte, sowie inhaltliche Gegensätze oder Paradoxen nebeneinanderstehen können, ohne größere Verwirrung zu stiften. Bell (1992) schreibt:

> *"...ritual is a type of critical juncture, wherein some pair of opposing social or cultural forces comes together. Examples include the ritual integration of belief and behavior, tradition and change, order and chaos, the individual and the group, subjectivity and objectivity, nature and culture, the real and the imaginative ideal"* (S. 16).

In Kafkas (1991) psychoanalytischen Konzept der *multiplen Wirklichkeiten* steht das Ritual am Übergang zwischen den verschiedenen Realitäten des Menschen. Diese sind nach Kafkas Verständnis: "...die miteinander verbundenen Dichotomien von Zeit und Raum, von Innen und Außen [...], sowie von Belebtem und Unbelebtem und deren paradoxes Nebeneinanderstehen" (S. 117).

Zeit und Raum: In Anlehnung an die Holographie (Longuet-Higgins, 1968) versteht Kafka die Psyche zeitlich, das heißt, "...daß jeder einzelne 'Zeit'punkt *wesentliche* Informationen über jeden anderen Punkt in der Zeit (sowohl in der Vergangenheit wie in der Zukunft) enthält" (Kafka, 1991, S. 121). Dem Psychisch-zeitlichen (Geist) gegenüber steht das Konkret-räumliche (Körper und Objekte). Im Ritual widersprechen sich diese beiden Aspekte nicht, es gelingt nämlich hier, Konkretheit von Objekt und Handlung, sowie Präzision beim Vollzug des rituellen Aktes zu verbinden mit der Abstraktheit von Symbolen, die ja die psychisch-zeitlichen Verknüpfungen beinhalten.

Innen und Außen: Rituelle Verhaltensweisen "...entspringen der Beschäftigung mit

Grenzen, etwa der Abgrenzung zwischen dem Einzelnen und der Gruppe, zwischen dem, was innen und außen ist, und zwischen dem Konkreten, bzw. Konkretisiert räumlichen und dem Psychisch–zeitlichen" (S. 118 f). Im Ritual gelingt es "... die allgemein geteilte Alltagsrealität des gesunden Menschenverstandes durch Formalisierung und Dramatisierung dieser Einteilungen [in verschiedene Wirklichkeiten] und der Übergänge zwischen diesen [...] zu sichern und gleichzeitig in Frage zu stellen" (S. 119).
Bell (1992) hebt die Innen-Außen-Dichotomie im sozialen aber mehr noch im soziokulturellen Zusammenhang hervor: Die individuellen Bedürfnisse sind nicht immer kongruent mit den Bedürfnissen der Gesellschaft oder der Gruppe.
Im Ritual können nach Bell (1992) Struktur und Antistruktur widerspruchslos nebeneinanderstehen, bzw., es entsteht "eine kreative 'Antistruktur'", die sich von der rigiden Aufrechterhaltung von sozialen Ordnungen unterscheidet (vgl. Bell, S. 21). Ein Beispiel liefern die Fasnachtsbräuche: Vor allem im katholisch-ländlichen Bereich oder den traditionellen Hochburgen werden zur Faschingszeit bestehende Ordnungen umgeworfen, Hierarchieverhältnisse gekippt (z.B. 'Übernahme' des Verwaltungsapparats durch Narren, Kritik an der Politik) und Verhaltensnormen außer Kraft gesetzt (z.B. Tanzen auf der Straße, ungewöhnliche Kleidung). Es entsteht eine Art gelenktes Chaos. Gleichzeitig ist dem närrischen Treiben ein klares Ende gesetzt: ab Aschermittwoch 0:00 Uhr gelten wieder die gewohnten Regeln. Dieser Zeitpunkt wird nie überschritten und so ist gesichert, daß sich das Närrische nicht etwa im 'normalen' Alltag unbemerkt einschleicht.

Belebt und Unbelebt: Unbelebt ist für Kafka das sinnlos-mechanistische Wiederholen von Handlungen, wie es bei Zwangssymptomen auftritt. Belebt, dagegen, ist das fortgesetzte Bearbeiten, bzw. das ständige Wiederholen von Wahrnehmungsakten durch das Individuum. Kafka sieht eine Analogie zwischen dieser Konzeption von unbelebten und belebten Handlungen und ritualistischem vs. rituellem Verhalten. Im Ritual sind beide Aspekte enthalten und können als Gegensätze nebeneinanderstehen. Dabei ist "...das Wesentliche eines erfolgreichen Rituals [...] das Ausbrechen aus dem Ritualistischen" (S. 126). Er setzt sich mit dieser Differenzierung von Freuds vereinfachter Auffassung (1913) ab, daß ritualistisches und rituelles Verhalten gleichzusetzen seien.
Das Ziel ritualistischer sowie ritueller Verhaltensweisen, so Kafka, ist es für den Menschen, die Gewißheit zu erlangen, daß er in allen Wirklichkeiten verwurzelt ist, und "...daß er durch seine Verwurzelung in den ontogenetisch und vielleicht auch

phylogenetisch früheren Wirklichkeiten keineswegs von den späteren Wirklichkeiten abgeschnitten ist" (S. 119); (vgl. 4. Erikson).

Der Bereich des Unbewußten

Ritualelemente, wie beispielsweise Suggestionen, Traumdeutungen durch den Heiler, Einsichtsgewinnung unter psychoaktiven Substanzen und Orakelarbeit, wirken stark im Zusammenhang mit dem Unbewußten.

Suggestion

> *"Die Theorie der Krankheit und des Heilens sowie die Heilmethode selbst [...] geben dem Patienten ein Gedankenschema in die Hand, mit dem er seine chaotischen und geheimnisvollen Gefühle verstehen kann und legen ihm ein bestimmtes Handeln nahe; sie helfen ihm also [...] das Gefühl zu erlangen, daß er sein Los meistern und seine inneren Konflikte lösen kann" (Frank, 1972, S. 98).*

Andritzky (1992) ist der Meinung, daß das Ritual Parallelen zur Suggestopädie nach Lozanov (1986) enthält. Die Suggestopädie ist eine Lernmethode, die Entspannung mit verbalen Informationen kombiniert. Die Resignation von Klienten bezüglich ihrer Lernfähigkeit (entsprechend im Ritual: ihrer Heilfähigkeit) wird aufgehoben. Gleichzeitig werden Angst und Verkrampfung gelöst. Die Methoden der Suggestopädie sind denen in traditionellen Ritualen sehr ähnlich: beide bedienen sich des Mittels der 'Verkleidung' oder 'Einkleidung' der eigentlichen Aussage. Dazu werden Melodien, Rhythmen, Versmetrik und Entspannung verwendet. Andritzky (1992) beschreibt die Wirkung dieser "Kontextualisierung" folgendermaßen: "Auf diese Weise können große Informationsmengen leicht reproduzierbar vom Klienten gespeichert werden" (S. 122).

Im Ritual geht die Kontextualisierung noch weiter: das gesamte rituelle Setting trägt dazu bei, daß Suggestionen, wie auch eigene Einsichten im Individuum einen fruchtbaren Boden finden und sich "...noch lange nach Ende des Rituals eine 'Depotwirkung' entfaltet, die sich aus der Interaktion präexistenter symbolischer Inhalte des Unbewußten [...] herleitet" (ebd., S. 123).

Im Ritual sind unserer Meinung nach mehrere Suggestionsformen zu finden: *Direkte* Suggestionen, wenn der Heiler beispielsweise Besserung prophezeit und *indirekte* Suggestionen, z.B. Metaphern, Bildsprache, Konfusionstechniken und (Gebets-und Zauber-) Formeln. Ob im Ritual *unabsichtlich* oder *absichtlich* suggeriert wird, ist nicht eindeutig zu sagen, wahrscheinlich ist beides der Fall. Die

9. Heilkraft und Wirkung von Ritualen

HeilerInnen werden oft genug zum Gegenstand der Eingebungen und können nicht unbedingt vorhersehen, was sie als nächstes sagen werden (z.B. in Zuständen von Ekstase und Bessessenheit). Auf der anderen Seite halten sie sich oft an sehr genaue Handlungsanweisungen, von denen sie wissen, was sie bewirken werden. Der Übergang von einer ausgeprägten Intuition zur Eingebung durch höhere Kräfte ist schwierig zu bestimmen und von außen nicht entscheidbar.

Darüberhinaus verfolgt das Ritual selbst eine tradierte suggestive Absicht. Es wird also über die Lebenserfahrung und intuitven Fähigkeiten des Heilers hinaus, Jahrhunderte altes Wissen genutzt.

Problembehandlung auf Symbolebene

Innerhalb eines Mythos wird im Heilritual sowohl durch Worte, wie auch durch Handlungen das Problem auf eine Symbolebene gehoben und transformiert. Symbolbedeutungen sind mit dem Wissen über die Welt (und über die Menschen) und mit den religiösen Auffassungen in komplexer Weise semantisch vernetzt, eine Tatsache, die den Klienten nur teilweise bewußt ist (Andritzky, 1992). So werden über die Darstellung von symbolischen Handlungen im Netzwerk Items aktiviert, die sowohl Ursache (z.B. böser Zauber) als auch Heilungsweg (z.B. Kampf gegen den Geist) suggerieren. Andritzky betont in diesem Zusammenhang: "Unabhängig von der kognitiven Kenntnis der Bedeutungen von Objekten und Handlungen [...] [wird] vom Patienten die symbolische Konstruktion seiner Krankheit [...] und die auf Symbolebene vollzogene Heilung durch starke Körpersensationen wie das Abstreichen mit *chontas* [Holzstäbchen] und Säbeln, das Erbrechen, den Durchfall und das Hochziehen von Tabak- und Parfümflüssigkeiten unmittelbar erfahren..." (S. 118). Gerade diese symbolischen Handlungen und andere Ritualbausteine (wie z.B. Setting, Tänze, Musik) werden von Wickramasekera (1988) und Moermann (1979) für reine Placeboeffekte gehalten. Die meisten Autoren finden sich jedoch mit dieser reduktionistischen Sichtweise nicht ab und versuchen die Heilungsphänomene genauer zu erklären.

Nach van der Hart (1982) soll die "Behandlung [...] Transformationen ermöglichen, die mit Veränderungen im Leben des Klienten oder Patienten korrespondieren und mit dem Funktionieren der sozialen Gruppe zu der er gehört" (S. 15).

Am Beispiel der Navajo-*chants* zeigt van der Hart (1982) drei Arten von symbolischen Handlungen auf, die die Bekämpfung einer Störung/Krankheit und deren Heilung zum Ziel haben:

- *Opfer* darbringen (z.B. in Form von Gaben, dem eigenen Körper Schmerzen zufügen) stimmt die Gottheiten und göttlichen Wesen günstig. Man erbringt eine Leistung, um eine Gegenleistung zu erhalten.
- *Identifizierung* mit den mythologischen Gestalten: dies geschieht z.B. dadurch, daß der Klient oder Heiler Gottheiten darstellt, bzw., daß der Klient Symbole, die jene Wesen verkörpern berührt. Auf diese Weise wird die Kraft, die zur Heilung nötig ist, auf den Klienten übertragen.
- *Austreibung der bösen Zustände* beispielsweise in Form von symbolischen Extraktionen, induziertem Brechen, Schwitzriten.

Diese drei Handlungsarten können je nach Problemlage unterschiedlich stark ausgeprägt sein und sind in Heilritualen fast aller Kulturen anzutreffen.

Als Beispiel aus unserem Kulturkreis kann man die christliche Beichte anführen: Katholische ChristInnen, erhalten vom Priester, dem sie ihre Sünden gebeichtet haben meist u.a. den Auftrag, zur Sühne eines oder mehrere Rosenkranzgebete zu sprechen. Sowohl die Beichte als auch die Gebete sind symbolische Akte. Der Priester nimmt die Beichte als Stellvertreter Gottes, der die Allmacht besitzt *alles* zu verzeihen. Während eine reale Sühne und Wiedergutmachung oft gar nicht möglich ist oder Menschen in manchen Situationen sich selbst nicht verzeihen können, kann der sündige (d.h. Fehler machende) Mensch durch Gebete von seiner Schuld erlöst werden. Reale Verzeihung durch einen Menschen wird ersetzt durch die Verzeihung Gottes. Gott ist nach der Mythologie des Christentums die höchste Instanz (höchster Richter). Die unmittelbare Erfahrung göttlicher Allmacht wird durch passende Symbole ersetzt, die in ein fest organisiertes Dogma und Ritual eingekleidet sind. Im religiösen Kontext, mit dem eigentlich jedes traditionelle Heilritual verwoben ist, hat das Symbol zweierlei Funktionen: Zum einen vermittelt es dem Menschen mit seinem beschränkten Begriffsvermögen etwas von den unaussprechlichen und schwer fassbaren (religiösen) Inhalten (z.B. Visionen, Todeserfahrung), zum anderen schützt es ihn aber auch gleichzeitig vor der Gewalt der unmittelbaren Erfahrung dieser Inhalte, deren Umfang er unvorbereitet und ungeschützt weder begreifen noch in seine Alltagsrealität integrieren könnte.

Überwindung von zeitlichen und räumlichen Distanzen

Durch die Transformation des Problems auf die Ebene der Symbole erlangen Rituale eine weitere entscheidende Qualität: die zeitliche und räumliche Bindung einer Person an die konkrete Situation (Hier und Jetzt) wird aufgehoben. Die symbolische Aktion kann Entfernungen und Zeitabstände jeglicher Größe überbrücken,

9. Heilkraft und Wirkung von Ritualen

da sie abgelöst von Zeit und Raum stattfindet. Dadurch wird es zum Beispiel möglich, zu Menschen, die weit weg sind 'Kontakt' aufzunehmen: wenn ich in meiner Heimatkirche eine Kerze für meine Freundin in Amerika anzünde, die gerade operiert wird, so habe ich das Gefühl für einen Moment 'bei ihr zu sein'. Wenn eine Klientin im therapeutischen Ritual ihrem verstorbenen Ehemann einen Abschiedsbrief schreibt, so ist es für den Moment irrelevant, ob der Brief den Mann real erreichen kann, denn es ist eine symbolische Kontaktaufnahme, die durch die Kraft der Imagination wirkt.

Die Möglichkeit des Aufhebens von Zeit- und Raumstrukturen durch die Imagination wird auch in der Hypnotherapie oft genutzt, (z.B. in Metaphergeschichten oder bei der Technik der Altersregression). Es wird damit ermöglicht, vergangene Erfahrungen neu zu verarbeiten, obwohl ja die Biographie nicht mehr real rückgängig gemacht werden kann. Durch das ganz deutliche und starke Wiedererleben bestimmter Emotionen, die entweder in speziellen Schlüsselsituationen oder über wichtige Phasen des Lebens hinweg erlebt wurden, wird eine Klärung und emotionale Neuorientierung möglich. Revenstorf (1985) spricht von der "Reaktivierung von verschütteten Gefühlen..." (S. 32) mit Hilfe von Trance.

Nach Scategni (1994) ergibt sich die Ablösung von zeitlichen und räumlichen Strukturen im Ritual aus der Aktivierung von Archetypen, die sich in Bildern und Symbolen ausdrücken und die naturgemäß nicht an Zeit und Raum gebunden sind. Rituale verbinden Vergangenheit, Gegenwart und Zukunft.

Projektionen, Traumdeutung und Archetypen in der Orakeltechnik

Als Beispiel für die psychodynamische Funktionsweise von Ritualelementen wollen wir nun im Folgenden Andritzkys (1988) Ausführungen über das Orakelwesen der peruanischen Indios kurz skizzieren:

Stimulation von Projektionsvorgängen: In der speziellen Atmosphäre der Orakelsituation fixieren der Klient und/oder – stellvertretend für ihn – der Heiler die Orakelobjekte (z.B. hingeworfene Koka-Blätter oder Schafgarbenstengel) und gehen dabei in Trance, wobei das Bewußtsein erweitert und durchlässiger für unbewußte Inhalte wird. Dieser Zustand kann verglichen werden mit dem Zustand der freien Assoziation des Analysanden und der frei schwebenden Aufmerksamkeit des Psychoanalytikers, der ebenfalls Assoziationen und Projektionen aufsteigen läßt. Der wahrsagende Heiler befragt während des Orakels nun an Stelle des Klienten sein eigenes Unbewußtes und teilt seine intuitiven Erkenntnisse dem Klienten durch die Orakelaussage mit. Der Klient hat nun seinerseits die Möglichkeit (zusammen

9. Heilkraft und Wirkung von Ritualen

mit den übrigen Anwesenden) dieses Material zu deuten (vgl. Schmidbauer, 1970, und Wirkung von Texten, s.o.).

Stellvertretende Traumarbeit: Nach Freud entspricht "...der Bearbeitungsvorgang der unbewußten Inhalte des Wahrsagers auf dem Wege zur Orakelaussage [...] dem Prozeß der "Traumarbeit" vom latenten zum manifesten Trauminhalt (Andritzky, 1988, S. 112). Der Wahrsager stellt eine Verbindung zum Unbewußten des Klienten her und verdichtet und symbolisiert diese latenten Inhalte zu einer typischen Orakelaussage. Verschlüsselt in Form von Bildern, Symbolen und Metaphern muten sie den Klienten oft ähnlich rätselhaft an wie viele Träume. Im Vergleich zur klassischen Analyse verkehren sich hier also die Rollen: "Es ist, als ob der Wahrsager in die Rolle des assoziierenden Analysanden geschlüpft ist, und der Klient nun auf dem Umweg der Orakelaussagen zum Analytiker wird" (ebd., S. 113). Allerdings betrachtete Freud – wie oben schon bemerkt – solche traditionellen Ritualphänomene nur als interessantes "Exoticum", keinesfalls als ernstzunehmende Therapie.

Zusammenfassend kann man sagen, daß die Orakeltechnik die assoziative Tätigkeit bei Heiler und Klient anregt und die Selbstexploration fördert.

Archetypen und Energieumwandlung: Für Jung besteht die therapeutische Wirkkraft der Riten darin, daß starke, an die Archetypen gebundene Energien in Symbolen und ganzen symbolhaften Szenen Gestalt annehmen und so vom unbewußten Inneren nach Außen abgeführt und transformiert werden. Das Funktionieren des Orakels, mit dem Jung sich selbst praktisch beschäftigte, erklärt er mit dem Prinzip der Synchronizität, d.h., daß Ereignisse, die kausal nicht miteinander verbunden sind, sinnvoll zusammentreffen können, und zwar jenseits des Zufallsprinzips (vgl. Peat, 1989). Orakelaussagen und deren Deutungen liegen "...auf der Ebene der archetypischen Symbolik [...] und [stehen] damit in Resonanz zum kollektiven Unbewußten" (Andritzky, 1988, S. 113).

Ein weiteres Charakteristikum des Orakelwesens ist, daß aufgrund der Allgemeinheit und Vieldeutigkeit der Aussagen bei jedem einzelnen der anwesenden Gruppe – je nach Entwicklungsstand der einzelnen psychischen Teilbereiche – Wachstumsmöglichkeiten angeregt werden können.

Physiologisch-affektiver Bereich:

Einflüsse auf neurophysiologische Strukturen – Rituelle Trance

> *"Trance als Alltagsphänomen ist eine natürliche Kraftquelle, potenziert Ressourcen - [ist] in anderen Kulturen seit vielen Jahrhunderten lebendige Selbstverständlichkeit, uraltes Heilwissen" (E. Brandhofer in: M.E.G.a.Phon, Okt. 1994, Nr. 20, S. 25).*

Trance ist ein wichtiger Bestandteil aller Rituale. Auch wenn nicht bei jedem Ritual die TeilnehmerInnen in Ekstase fallen, so wird doch in allen Fällen ihre Aufmerksamkeit stark gebündelt und dadurch eine veränderte Bewußtseinslage hergestellt. Im Vergleich zur Hypnose bedient sich das Ritual meist weitaus schillernderer Techniken der Tranceinduktion (z.B. Tänze, Musik, magische Handlungen). Es bezieht viele Sinnesmodalitäten *in vivo* mit ein (Sehen, Hören, Riechen, Schmecken, Tasten) und greift bei der Tranceinduktion durchaus auch auf psychoaktive Substanzen oder spezielle Atemtechniken zurück. Hinter der Vielfalt der tranceinduzierenden Reize in Ritualen steckt vermutlich die Absicht, wirklich *alle* RitualteilnehmerInnen (es sind ja fast immer Gruppen) in Trance zu versetzen, denn nur dann kann das Ritual seine volle Kraft entfalten.

In Ritualen werden veränderte Bewußtseinszustände *sowohl* des Klienten *als auch* des Therapeuten als therapeutisches Mittel benutzt. Nach Andritzky (1989b, S.222) gibt es zwei Hauptgruppen der Heilrituale in veränderten Bewußtseinszuständen: Erstens "die afro-amerikanischen Trommel-Tanz-Rituale mit Trancen und Bessessenheitszuständen" und zweitens Rituale unter Einsatz psychoaktiver Substanzen.

Trommel-Tanz-Rituale: Einen Überblick über die neurobiologischen Grundlagen ritueller Trance gibt Barbara Lex (in: d'Aquili, McManus & Laughlin, 1979). Sie zeigt, daß rituelle Trance durch die "...Manipulation universeller neurophysiologischer Strukturen des menschlichen Körpers.." (Lex, 1979, S. 118, Übers. d. Verf.) hervorgerufen wird, daß zu ritueller Trance alle Menschen potentiell fähig sind, und daß rituelle Trance sowohl für Gruppen als auch für Individuen eine homöostatische Wirkung hat.

Eine sehr wichtige tranceinduzierende Komponente des Rituals sind repetetive Reize: Sich wiederholende Trommelrhythmen, immer wieder monoton aufgesagte Formeln, festgelegte Handlungsabläufe und stereotype Tanzbewegungen bewirken intensive auditive, visuelle und propriozeptive Reizung der TeilnehmerInnen, und führen so in die Trance.

Die subjektiven Empfindungen, die mit ritueller Trance assoziiert sind, sind eher

9. Heilkraft und Wirkung von Ritualen

schwer zu beschreiben. Sie werden als außergewöhnlich und angenehm bezeichnet (d'Aquili, et al., 1979). Ein übliches Phänomen ist das Gefühl der Einheit mit anderen Menschen, der Natur und dem Kosmos (vgl. Quekelberghe, 1994); außerdem treten die typischen körperlichen Trancephänomene (z.B. Veränderung der Stimme, Muskelzuckungen), sowie außergewöhnliche Wahrnehmungen, Halluzinationen und "Besessenheit" auf.

Lex (1979) vertritt in Übereinstimmung mit anderen Autoren (Ornstein, 1972; Chapple, 1970) die These, daß die Empfindungen während ritueller Trance auf die Synchronisierung biologischer Rhythmen, sowie die Anregung der rechten Hemisphäre im Kortex (bei gleichzeitiger Hemmung der sonst dominanten linken Gehirnhälfte) und auf die simultane Aktivierung beider vegetativen Zentren zurückzuführen sind.

Wodurch diese Phänomene hervorgerufen und wie sie erklärt werden, wollen wir im folgenden kurz erläutern:

1. Synchronisierte/Hypersynchronisierte EEG-Muster:
   Ein synchronisiertes EEG (Dominanz von a-Wellen) ist ein Indikator dafür, daß sich ein Mensch im entspannten Wachzustand befindet. Die Stimulationsmuster in Ritualen rufen im allgemeinen diesen entspannten Wachzustand hervor. In einzelnen Ritualabschnitten können aber die Reizmuster so stark intensiviert werden (z.B. ständig wiederholt und im Rhythmus beschleunigt), daß sich deutliche Veränderungen in den Funktionen des ZNS ergeben: Zum Beispiel ruft langes rhythmisches Tanzen wegen der ständigen Bewegung des Körpers gegen eine Lichtquelle Flickerlichteffekte hervor (Lex, 1979). Photostimulation (z.B. durch Flickerlicht) provoziert bei entsprechender Vulnerabilität epileptische Anfälle (Gastaut et al., 1949), die wiederum auf eine hypersynchronisierte Hirntätigkeit zurückzuführen sind. Auch Personen, die nicht zu Krampfanfällen neigen, spüren bei hochfrequenter Photostimulation "...ungewöhnliche Empfindungen, starke Emotionen, Pseudowahrnehmungen oder Muskelzuckungen" (Lex, S. 123, Übers. d. Verf.). Die intensive propriozeptive Reizung bei langanhaltendem rhythmischen Tanzen führt zu Störungen in den vestibulären Zentren der Ohren und in den Barorezeptoren der Arteria carotis (Gellhorn, 1967).
   Auditive repetetive Reize wie Trommelrhythmen bestehend aus schnellen und schnell wechselnden Frequenzen wirken ähnlich wie intensive Photostimulation (Neher, 1961; 1962).
   Larbig und Miltner (in: Revenstorf, 1990) berichten über verschiedene Unter-

suchungen während religiöser Tranceritualen, in denen der menschliche Körper extremen äußeren Einflüssen und Schmerzen ausgesetzt wird (z.B. Feuerlaufen in Griechenland, Hakenschschwungzeremonie in Sri Lanka). Die RitualteilnehmerInnen werden dabei nahezu unempfindlich gegen Schmerz und Verletzung. Bei den Untersuchungen fanden Larbig und Miltner "...deutliche Anstiege hochamplitudiger Thetamuster über dem sensomotorischen Kortex..." (Revenstorf, 1990, S. 111), also dem Teil des Gehirns, der mit der Schmerzverarbeitung befaßt ist. Langsame Thetawellen treten im EEG erwachsener Personen während tiefer Entspannung, Meditation und beim Einschlafen auf.

2. Rechtshemisphärische Aktivierung:

Allgemein geht Lex davon aus, daß von den beiden Hälften unseres Gehirns jede auf ihre spezielle Art denkt. Diese Auffassung ist heute nicht mehr unumstritten. Auf die Kritik zu diesem Thema wird weiter unten noch eingegangen. Stark vereinfachend kann man sagen: Die linke Hemisphäre denkt logisch und sprachgebunden, die rechte erfasst Gesamtzusammenhänge emotional-intuitiv und bildlich, und verfügt nach Bogen (1969, vgl. Lex, 1979) über eine bessere Wahrnehmung körperinterner Vorgänge. Im Alltag der industrialisierten und technologisierten Gesellschaft wird vorwiegend rationales Denken gefordert, was zu einer linkshemisphärischen Dominanz führt.

Im Ritual wird diese linkshemisphärische Dominanz zugunsten einer rechtshemisphärischen Dominanz aufgehoben (Lex, 1979). Während die linke Gehirnhälfte durch die in Ritualen verwendeten Reizmuster eher blockiert wird (z.B. Behinderung der verbal-logischen Fähigkeiten durch ständiges Wiederholen eines Mantras), spricht die rechte Hemisphäre auf diese Art der Stimulation besser an. Singen, Tanzen, Klatschen, Trommeln aktivieren, nach Lex (1979), die rechte Hemisphäre und führen zu einer Veränderung von Wahrnehmung und Verhalten. Als Indizien führt sie Glossolalie (Zungenreden) und die oft berichteten Amnesien auf. Amnesien für Teile des Rituals seien nicht auf den Verlust von Gedächtnisinhalten zurückzuführen (oft gibt es vage Erinnerungen), sondern auf die Schwierigkeit, rechtshemisphärische Inhalte verbal auszudrücken.

Gegen die Annahmen von Lex sprechen Ergebnisse aus Forschungen mit split-brain Patienten, die nach Durchtrennung des Corpus Callosum nicht mehr dazu fähig waren, sich in Trance zu begeben (Kinsbourne, 1973, vgl. Lex, 1979). Außerdem besteht ein großes Problem bei der Forschung zur Hemisphärendominanz darin, daß sie fast ausschließlich mit weißen, männlichen Collegestudenten der nordamerikanischen Mittelklasse durchgeführt wurde. Die Dominanz der linken Hemisphäre ist aber wahrscheinlich ein auf *einige Bevölkerungsgruppen beschränktes* Phänomen (Lex, 1979) und damit können die Effekte der rituellen Trance, als einem *universellen* Phänomen nicht so einfach auf die Aufhebung dieser Dominanz zurückgeführt werden. Wichtig bleibt zu bedenken, daß nicht nur das ZNS am Ritual teilnimmt.

3. Simultane Aktivierung von Parasympatikus und Sympatikus:
Als dritten Faktor, der für rituelle Trance und ihre Auswirkungen relevant ist, nennt Lex das vegetative Nervensystem. Genauer gesagt, verfügt das vegetative System über bestimmte Eigenschaften, die die neurobiologische Grundlage für diesen Zustand darstellen. Lex bezieht sich dabei auf die Theorie von Gellhorn (1970) die besagt, daß die fortgesetzte oder verstärkte Reizung *eines* vegetativen Systems zu drei Stadien der Reaktionslage *beider* vegetativen Systeme führt (= tuning).

Durch direkte Reizung oder über die Einnahme von psychoaktiven Substanzen, sowie durch mentale Aktivität wird im ersten Stadium ein System erregt und das andere gehemmt: Z.B. wird in einem Ritual zunächst durch ruhiges Atmen und Meditieren, durch die Gabe entsprechender (Brech-und Durchfall-) Mittel oder durch Erschöpfung nach körperlicher Anstrengung eine tropotrophe Reaktionlage hervorgerufen (Parasympatische Strukturen sind aktiviert, sympatische Erregung sinkt).

Wirkt der Reiz weiter oder stärker auf das sensitivierte System bis zu einer bestimmten Schwelle ein, dann folgt das zweite Stadium: Reize, die normalerweise das nicht-sensitivierte System aktivieren würden, erregen nun das bereits aktivierte System (z.B. bei Feuerlaufritualen: die Toleranz für Schmerzreize steigt in Trance bis zu Schmerz- und Verletzungsfreiheit (Larbig & Miltner, in: Revenstorf, 1990)). Bei weiterer Fortdauer oder Intensivierung der Reizung folgt das dritte Stadium: Sympatikus und Parasympatikus wirken nicht mehr antagonistisch, sondern sind gleichzeitig, gleichermaßen erregt (z.B. Erleuchtungszustand des Schamanen im Heilritual). Auch Ekstasen, Erschöpfungszustände, REM-Schlaf und Orgasmus sind gekennzeichnet durch diese gleichzeitige Erregung beider vegetativen Systeme (Lex, 1979). Daraus kann man schlußfolgern, daß das dritte Stadium ein Zustand ist, zu dem potentiell *alle* Menschen fähig sind. Aus den Ergebnissen der Forschung zu meditativen Zuständen in Zen und Yoga, folgert Lex, daß auch bei Ritualen die drei Stadien vegetativer Erregung durchlaufen werden, ausgehend von einer trophotropen Reaktionslage und gipfelnd in ritueller Trance, in der ergotrop-trophotrope Balance erreicht wird (nähere Ausführungen s. Lex, 1979).

Zusammenfassung der Wirkung ritueller Trance auf das Individuum und die Gruppe:

Lex geht, in Anlehnung an Chapple (1970), von einer allgemein harmonisierenden, homöostatischen Wirkung ritueller Trance aus. Auf der Grundlage einer trophotropen Reaktionslage des Menschen werden die biologischen Rhythmen synchronisiert und körperinterne Systeme ins Gleichgewicht gebracht. Damit fördert rituelle Trance die Ausgeglichenheit eines Individuums auf emotionaler und neurophysiologischer Ebene, die durch das Leben immer wieder gestört wird (z.B. in Stressituationen, bei Beziehungsproblemen).

Auch für die Gruppe wirkt das gemeinsame Tranceerleben harmonisierend. Rhythmische und repetitive Verhaltensweisen und Reize bewirken, vermittelt über kortikale und limbische Strukturen, einen für alle RitualteilnehmerInnen ähnlichen affektiven Zustand. Ambiguität wird aufgehoben, indem die Gruppe immer wieder denselben Botschaften ausgesetzt ist. Lex schreibt: "Exposure to manifold, intense, repetitive, emotion-evoking stimuli ensures uniformity of behavior in ritual participants" (S. 120). Ohne Frage liegen hier auch die Gefahren des Rituals, denn nicht immer darf Uniformität gewünscht werden: Zum Beispiel dann nicht, wenn die RitualteilnehmerInnen hörig gemacht werden sollen, um ein bestimmtes System nicht in Frage zu stellen (vgl. Rituale im Nationalsozialismus oder bei Sekten). Daß Rituale nicht zur Ausbeutung von Menschen oder zur Etablierung von Macht (auch nicht der eines Therapeuten) dienen können, bedarf keiner weiteren Diskussion und stellt für uns *die* Voraussetzung für ihre Anwendung schlechthin dar.

Rituale unter Einsatz psychoaktiver Substanzen: Schamanen verfügen über umfangreiche pharmazeutische Kenntnisse. Der Piro *ayahuasquero*, ein indianischer Heiler in Amazonien, zum Beispiel, kennt Dutzende von Heilsubstanzen und deren genaue Auswirkungen. Für die Heilung einer Krankheit wählt er fast immer die pharmazeutische Intervention *neben* dem Heilritual (Andritzky, 1989a).

Andritzky beschreibt, wie er im *ayahuasca* Ritual sein durch psychoaktive Substanzen erweitertes Bewußtsein erlebte: "the author also saw plants in the environment as having an 'emotional radiation' and some of them exhibited anthropomorphic gestures. Some aroused a feeling of positive affect ('love'), while others stood cold and rejecting" (1989a, S. 79).

Es gibt eine beträchtliche Anzahl von Ritualen, die, um eine Veränderung des Bewußtseins zu erzielen, auf psychoaktive Substanzen (meist in Verbindung mit vorhergehender sexueller Enthaltsamkeit und Nahrungsabstinenz) zurückgreifen. Die Einnahme solcher Drogen führt zu deutlich intensivierter Wahrnehmung und Imaginationsfähigkeit. Beim Heiler verhilft die veränderte Wahrnehmung, mit spirituellen Kräften Kontakt aufzunehmen und unterstützt visionäre Erlebnisse. Er stellt im Trance-Zustand die Diagnose und interveniert – unterstützt von den guten – gegen die bösen Geister. Die PatientInnen nehmen in der Halluzinogen-Trance nicht nur ihre Umwelt, sondern auch sich selbst anders wahr. Dies ist ein Schritt, der in fast allen Psychotherapien angestrebt wird. Unter Verwendung psychoaktiver Substanzen ist es möglich, schnell eine radikale Veränderung der Sichtweise des eigenen Selbst zu erlangen (Selbsterkenntnis). Andritzky folgert entsprechend: "It seems that a holistic vision and confrontation with the *true self* is the quintessence of hallucinogenic therapy..." (ebd., S. 83).

Angst- und Spannungsreduktion

Angstreduktion: Im vorigen Abschnitt hielten wir fest, daß Rituale eine trophotrope Reaktionslage des Organismus fördern, abwechslungsweise Ruhe- und Aktivierungsphasen schaffen und die körperinternen Systeme synchronisieren. Die positive Wirkung von Entspannung (über Placeboeffekte hinaus) vor allem bei Angst, Spannungszuständen und Schmerzen ist anhand zahlreicher Untersuchungen belegt (Miltner, Birbaumer & Gerber, 1986).

Die Wechsel von Ruhe und Aktivierung stärken sehr wahrscheinlich das Immunsystem (Andritzky, 1992). Daß sie auch Angstzustände beeinflussen, ist zu vermuten, da starke Wechsel von Muskelanspannung und -entspannung eine Tiefenentspannung begünstigen (vgl. z.B. die progressive Muskelrelaxation nach Jacobson) und Entspannung wiederum unvereinbar mit Angst ist.

Die Theorien von Myerhoff (1977) und McManus (in: d'Aquili et al., 1979) weisen auch auf die kognitiven, angstreduzierenden Komponenten des Rituals hin: Die Ordnung und Kontinuität der rituellen Handlungen machen Ereignisse vorhersagbar und geben der Person für den Moment spezifische Handlungsinstruktionen (Brückenfunktion). Die Personen erlangen dadurch ein Gefühl der Kontrolle; die Situation kann *als bewältigbar bewertet werden* und diese Bewertung wiederum reduziert negative Gefühle wie Angst und Depression.

Wir stellen zusammenfassend fest, daß Rituale dazu geeignet sind, Angst und Spannungszustände wirksam zu reduzieren. Lex (1979) betont, daß Rituale z.T. auf ähnlicher neurophysiologischer Grundlage wirken wie angstreduzierende Techniken der Verhaltenstherapie (z.B. Flooding, Implosionstechniken), indem durch körperliche Erschöpfung trophotroper "rebound" hervorgerufen wird. Rituale kommen aber als gruppentherapeutische Interventionsform ohne den extremen psychischen Stress, der mit Implosionstechniken einhergeht, aus und machen mehr Spaß.

Katharsis: In Ritualen werden kathartische Entladungen zugelassen, bzw., durch Techniken der Exstase gefördert (Quekelberghe, 1994, van der Hart, 1983). Diese Tatsache fördert den psychohygienischen und prophylaktischen Charakter von Ritualen. Beispiele für kathartische Entladungen sind (kontrolliertes) Ausagieren von Aggressionen, Trauer und sexuellen Phantasien (z.B. Promiskuität, Transsexualität) (vgl. Andritzky, 1989b). Es ist fast eine Glaubensfrage geworden, ob man der Katharsis Heilungscharakter zuschreiben möchte oder nicht. Als Befürworter der These würde man argumentieren, daß ein Verhalten, welches in der Gruppe kontrolliert gezeigt werden darf, nicht mehr unkontrolliert aus einem Menschen herausbricht. Hierfür spricht, daß auch Tiere (z.B. Primaten) Aggressions-Rituale durchführen (d'Aquili et al., 1979), um tödliche Kämpfe zu vermeiden.

Gegner der Katharsisannahme würden davon ausgehen, daß ein Verhalten, das man selbst oder jemand anderes einmal (im Ritual) gezeigt hat, und das dort keine negativen Konsequenzen hatte oder möglicherweise sogar belohnt wurde, eine höhere Auftretenswahrscheinlichkeit bekommt. Für diese These sprechen die Untersuchungsergebnisse von Bandura (1965).

Wir vertreten in dieser Grundsatzdebatte den Standpunkt, daß es sehr *stark vom Kontext abhängig* ist, ob ein Ritual positive kathartische Effekte hat. Es gibt natürlich auch Rituale, die die Gewaltbereitschaft im Alltag erhöhen können (z.B. Rituale von Jugendbanden, rechtsradikalen Gruppierungen, Militärrituale). Es kommt immer darauf an, wie die *subjektive Einstellung der TeilnehmerInnen* aussieht, in welchen *Mythos* das Ritual eingebunden ist, und ob es sich *genügend vom Alltag abgrenzt*.

Grundsätzlich nehmen wir an, daß therapeutische Rituale kathartische Wirkung haben. Belege für diese Annahme gibt es nicht, aber sie erscheint intuitiv sinnvoll, z.B. im Falle von Trauerritualen, wenn Betroffenen ein Rahmen geboten wird, in dem sie auch ihren Zorn, ihre Traurigkeit und Verzweiflung einmal zeigen können, ohne dafür verachtet zu werden (vgl. III. Trauerrituale).

9. Heilkraft und Wirkung von Ritualen

Psychosozialer Bereich und Psychohygiene:

Soziale Unterstützung

Die Heilkraft von Ritualen entfaltet sich nicht nur auf der Ebene des Individuums, sondern auch in der Gruppe, deshalb werden sie sowohl zur Etablierung und Gesunderhaltung von Gruppen als auch zur individuellen Heilung eingesetzt (Bsp. *Mesa*ritual). In fast allen Ritualen wird die Gemeinschaft (z.B. Familie, Dorf, Stamm) miteinbezogen. Oft werden Helfer oder bestimmte Hilfeleistungen im Ritual explizit festgelegt und so die soziale Unterstützung gesichert. Beispielsweise geht der Initiand in einem äthiopischen Initiationsritual zu allen seinen Nachbarn und sammelt Tontöpfe ein, die er für das Ritual benötigt. Für die Nachbarn ist es selbstverständlich, daß sie ihm die Töpfe zusammen mit guten Wünschen schenken. Außerdem bekommt der Initiand einen Gehilfen zur Seite gestellt, der in durch den langwierigen Ritualprozeß begleitet.

Hervorgerufen durch das gemeinsame Erleben außergewöhnlicher Emotionen und Zustände wird im Ritual die Unterstützung des Einzelnen durch die Gruppe und das damit assoziierte Gefühl der Verwurzelung gefördert. Nach Kafka erleben RitualteilnehmerInnen unter entsprechenden Bedingungen ein "Gefühl der Verbundenheit mit der übrigen Menschheit" (S. 130), das man nach Chapple (1970) wenigstens zum Teil auf die repetetiven Reize und Verhaltenssequenzen im Ritual, denen sich alle Teilnehmenden gleichermaßen aussetzen, zurückführen kann. Jeanne Achterberg (1993) sieht die wichtigste Heilwirkung der Rituale in einer "...Minderung des Gefühls der Entfremdung von der eigenen Gemeinschaft" (S. 9) und zitiert eine Zusammenfassung von sechzig Studien (Science, 1988), die belegen, daß soziale Unterstützung einen positiven Einfluß auf den Gesundheitszustand hat. Durch das Gefühl von Sicherheit wird die Angst vor Veränderung sowohl der Gruppe als auch des Einzelnen reduziert, was wiederum den therapeutischen Prozeß fördert.

Zusätzlich werden Selbstwahrnehmung und Selbstwert beeinflußt: RitualteilnehmerInnen (auch wenn sie nicht im Zentrum des Geschehens stehen) partizipieren an der kollektiven Energie der Gruppe, und sie tun unter Umständen Dinge, zu denen sie alleine oder in anderen Momenten nicht fähig wären. Indem eine Person ungewohntes Verhalten an sich selbst wahrnimmt, verändert sich ihre Einstellung sich selbst gegenüber, sofern sie das Verhalten zumindest zum Teil als intern ausgelöst ansieht (Bem, 1965, 1966). Steht eine Person im Mittelpunkt des Rituals, erfährt sie sich selbst in positivem Sinne als wichtig.

Andritzky (1992, S. 117) versteht Rituale als eine institutionalisierte Form der sozialen Unterstützung und Stressreduktion. Die gemeinsame Vorbereitung und das gemeinsame Erleben im Ritual animieren die ganze Gruppe, an der Lösung des jeweiligen Problems, auch über das Ritual hinaus, mitzuwirken. Damit wird eine Langzeitwirkung der (Heil-) maßnahmen sichergestellt. Dies umso mehr, als durch die Heiligkeit des Zeremoniells und anwesende 'Zeugen' eine starke Verpflichtung, entsteht, die Verantwortung für die Veränderung tatsächlich zu übernehmen.

Bounding

Quekelberghe (1994) weist in seinen "Grundimensionen des symbolischen Heilens" auf diesen weiteren Faktor hin. Der Begriff "bounding" geht zurück auf die Bindungstheorien von Bowlby (1951; 1952) und Ainsworth (1962; 1978), die die Dynamik der natürlichen Verbindung zwischen Mutter und Kind beschrieben haben. Quekelberghes Grundidee ist, daß der 'Minikosmos', in dem Mutter und Kind in den ersten Jahren interagieren mit der Verbindung des erwachsenen Menschen mit Natur und Kosmos vergleichbar ist: Genauso wie das Kleinkind Sicherheit und Vertrauen braucht, um sich gesund entwickeln zu können, benötigt der Erwachsene für Wachstum und Heilung eine Rückbindung an und ein Gefühl des Aufgehobenseins in der Natur ("generalisiertes, transzendentales bounding", Quekelberghe 1994).

Stressbewältigung

Wickramasekera (1988, zit. in: Andritzky, 1992, S. 118) unterscheidet drei allgemeine Streßbewältigungsmechanismen, die in (Heil-) ritualen auftreten können:

- *Problembezogene Aktionen*: sie können in Handlungen, die konkrete Auswirkungen haben (z.B. Massagen, die Entspannung bewirken) und in Symbolhandlungen (z.B. Abstreichen des Körpers zur Reinigung der Aura) unterschieden werden.
- *Auf die Kontrolle der Gefühle bezogene Strategien*: Die Leidensursache und die damit verbundenen unerwünschten Gefühle werden erklärt und dadurch handhabbar gemacht (z.B. Personifizierung in Form eines bösen Dämons in traditionellen Heilritualen oder Symptom als Ausdruck eines dahinterliegenden ungelösten Problems in systemischen und psychosomatischen Theorien).
- *Auf die Wahrnehmung des Stressereignisses bezogene Strategien*, die bewirken, daß dieses anders bewertet und in einem anderen Zusammenhang gesehen wird (vgl. reframing). Dadurch wird die übergroße Bedeutung des Stressors verringert und der Klient entlastet.

9. Heilkraft und Wirkung von Ritualen

Andritzky (1992, S. 118) verweist zudem auf die stressreduzierende Wirkung von pflanzlichen Heilessenzen, die häufig in Heilritualen verabreicht werden: Diese haben konkrete Auswirkungen auf die Physiologie (z.B. Beruhigungs-, Darmreinigungstees, Aromastoffe) oder symbolische Wirkung (z.B. Tabakflüssigkeit im *mesa*-Ritual).

Erhöhung der Compliance

Die Compliance bei traditionellen Ritualen ist gewöhnlich sehr hoch.*[5] Die Gründe dafür hat Andritzky (1988) am Beispiel des peruanischen Koka-Orakels erläutert. Wir glauben, daß seine Ausführungen auf Rituale im allgemeinen erweitert werden können. Ein Grund für die relativ große Akzeptanz besteht darin, daß meistens höhere Mächte oder Götter involviert sind. Ein Wahrsager, durch dessen Mund ein Gott oder eine Göttin spricht, kann schließlich nicht in seiner Kompetenz angezweifelt werden; eine rituelle Botschaft, die die Geister senden, kann schlecht als unzutreffend abgelehnt werden. Dadurch sind die für den Erfolg der Psychoherapie sehr wichtigen Phänomene Abwehr und Widerstand per definitionem ausgeschaltet. Das Ritual hat in seiner Aussage außerdem eine hohe Autorität, weil seine Form schon für alle Vorfahren Gültigkeit hatte.

Ein dritter Grund ist der, daß Rituale in ihren Aussagen und Wirkungen besonders vielschichtig sind. Im Koka-Orakel beispielsweise fördern mehrdeutige, aber spärliche Aussagen des Wahrsagers die aktive Selbstexploration und zwar auch *nach* der eigentlichen Konsultation. Dabei fühlt "...der Klient [sich] in seiner Lebenssituation wie in seinen geheimen Wünschen und Ängsten 'gesehen'" (Andritzky, 1988, S.115), zumal das Medium normalerweise kaum etwas über die spezifischen Probleme des Klienten weiß und dennoch die wesentlichen Punkte trifft. Dieses Gefühl und die eigene Aktivität des Klienten bei der Klärung seiner Lebenssituation macht Widerstand weitgehend unmöglich, bzw. unnötig.

Eine weitere Erklärung bietet die Tatsache, daß die therapeutische Tätigkeit traditioneller Schamanen höchstens mit Opfergaben oder Geschenken ausgeglichen wird. Der Gedanke, daß TherapeutInnen sich auf Kosten der KlientInnen bereichern könnten (ein Problem, mit dem die HeilerInnen hierzulande zu kämpfen haben), fällt weg. Dem Wahrsager als Person kann praktisch weder mißtraut, noch

---

[5]Das kann man unter anderem daran erkennen, daß es im Zusammenhang mit schamanischen Heilritualen keine Äquivalente zu den hiesigen Psychiaterwitzen gibt (Andritzky, 1988, S. 116).

können ihm persönliche Interessen unterstellt werden. Damit fehlt ein gewichtiger 'Grund' für Widerstände.

Die Ansicht Hinderlings (1981) "...daß das 'Vorschieben von Gottheiten' nur der Legitimation des Wahrsagers diene..." (Andritzky, S. 115) entwertet unserer Meinung nach die Kraft des Orakels, unabhängig davon, ob der Rezipient von der Existenz höherer geistiger Kräfte überzeugt ist oder nicht.

Schließlich enthalten Rituale weitere Mechanismen zum Abbau von Widerstand z.B. Trance und Reizvielfalt.

Es wäre aber falsch, vom völligen Fehlen der Widerstände in Ritualen auszugehen, wenn man sie in der westlichen Psychotherapie anwenden will. Es gibt sehr wohl Möglichkeiten, sich gegen die Wirkung eines Rituals zu sperren: z.B. indem man absichtlich jede innere Beteiligung vermeidet, oder wenn man sich nicht wirklich von einem entsprechenden Weltbild überzeugen lassen kann, obwohl man es gerne möchte. Besonders die neu für die Therapie konstruierten Rituale stehen in dieser Hinsicht auf 'schwachen Beinen', denn ihnen fehlt das gewichtige Argument der Tradition.

III. Psychotherapie und Ritual

"Im Grunde kennt auch unsere Kultur
Schlüsselszenen für die Genesung, aber wir sind
geneigt, diese nicht als Rituale anzusehen"

(Onno van der Hart, 1982, S. 11)

In den folgenden Abschnitten wollen wir uns mit der Beziehung zwischen Ritualen und der Psychotherapie unserer westlichen*[6] Kultur auseinandersetzen. Folgende zentrale Fragen sollen uns dabei beschäftigen: Inwiefern ähneln psychotherapeutische (und auch medizinische) Behandlungen *implizit* den traditionellen Heilritualen und welches sind die wesentlichen Unterschiede? Wie lassen sich Rituale als *explizite* Interventionseinheiten in unsere westlichen Psychotherapien einbauen?

10. Psychotherapie als Ritual

Übereinstimmungen zwischen traditionellen und modernen Heilritualen

Wenden wir uns nun der oben angesprochenen Frage nach den Ähnlichkeiten zwischen traditionellen Heilritualen und westlichen Behandlungsformen zu. Wir vertreten die These, daß auch die westlichen Behandlungsformen *implizit* rituell sind. Denken wir nur an einen ganz normalen Zahnarztbesuch: Wir rufen in der Praxis an und lassen uns einen Termin geben. Am fraglichen Tag nehmen wir uns frei und begeben uns in die Praxis. Dort empfängt uns die Zahnarzthelferin. Sie wickelt die Formalitäten ab, dann warten wir im Wartezimmer, in dem ein Plakat von der Wand blickt, das uns zeigt, wie Zähne richtig gepflegt werden. Nach hoffentlich nicht allzulanger Zeit wird unser Name aufgerufen, und wir werden ins Behandlungszimmer geführt. Nun befinden wir uns in einem hellen Raum, in dem sich ein Spezialstuhl und ein ganzes Arsenal verschiedener Haken, Bohrer, Spiegel, Absauggeräte, usw. befinden. Wieder kommt eine Helferin, weist uns den Platz im Stuhl an, versieht uns mit einem Latz, stellt den Stuhl richtig ein und ordnet die Instrumente. Dann kommt *sie,* die Zahnärztin. Wir können sie nicht richtig erkennen, denn sie trägt einen Mundschutz und einen weissen Kittel. Nach einem aufmunternden "Wie geht's uns denn?" mit Handschlag, wäscht die Zahnärztin ihre Hände und zieht Gummihandschuhe an. Wir öffnen den Mund und die 'eigentliche' Behandlung beginnt. Mit Haken und Spiegel untersucht die Zahnärztin jeden einzelnen unserer Zähne. Dabei murmelt sie Buchstaben und Zahlen, etwa "1,8 o.B." oder "2,1 fehlt..", die die Helferin notiert. Je nach Zustand der Zähne wird dann der eine oder andere repariert oder gezogen.

---

[6]Mit *westlichen* Behandlungsformen bezeichnen wir die naturwissenschaftlich ausgerichtete Medizin und Psychotherapie der westlichen Hemisphäre, v.a. in Nordamerika und Westeuropa.

10. Psychotherapie als Ritual

Obwohl die Ärztin für viele Handlungselemente eine logisch-rationale Erklärung abgeben könnte, wozu diese einzelnen Elemente unerläßlich sind, ist die Fülle implizit vorhandener ritueller Strukturelemente offensichtlich.

Ein solches Beispiel genügt natürlich nicht, um den Behandlungsmethoden der industrialisierten Gesellschaften Ritualcharakter nachzuweisen. Aber auch wissenschaftlich fundierte Argumente sprechen für diese These: Erstens die sogenannten Common Factors der Therapie nach Frank (1974), zweitens die Parallelen zwischen einzelnen westlichen Interventionsmethoden und Heilverfahren traditioneller Herkunft (Herschbach, 1988, Hauschild, 1979), und drittens die Funktion der Psychotherapie für die Gesellschaft.

Ferner steht das analytische Psychodrama als modernes Beispiel für die Ähnlichkeit zwischen Psychotherapie und (Initiations-) Ritualen.

Schließlich gibt es unserer Meinung nach aber auch zentrale *Unterschiede* zwischen traditionellen und modernen 'Heilritualen', auf die wir am Ende dieses Abschnitts hinweisen werden.

Unspezifische Faktoren

Frank ist (1974, 1981) auf die allgemeinen Strukturelemente *traditioneller* Heilmethoden und *westlicher* Medizin und Psychotherapie eingegangen. Die Therapien beider Traditionen wirken seiner Meinung nach vor allem aufgrund von unspezifischen Faktoren. Als wichtigste Punkte sind hier noch einmal kurz zu nennen:

- Eine Heiler-Patient-Beziehung, die durch umfassendes gegenseitiges Vertrauen, Echtheit und Empathie gekennzeichnet ist.
- Eine Theorie des Leidens und Heilens, welche der Rat- und Hilflosigkeit des Patienten entgegenwirkt und die Hoffnung, daß durch das Erfassen und Angehen der Störung Besserung eintreten wird, entfacht.
- Die gesellschaftliche Auszeichnung der heilenden Institution und "Beweise" für die Kompetenz des Heilers (z.B. Diplomurkunde, Berufung).
- Ein Opfer, das der Patient für seine Heilung bringen muß (z.B. symbolisch dargebrachte materielle Opfer oder Gaben, Therapeutenhonorar, Buße tun).

Die Thesen von Frank werden durch verschiedene Untersuchungen belegt, zum Beispiel Studien, die gezeigt haben, daß unerfahrene Therapeuten nicht wesentlich weniger Erfolg in der Behandlung verbuchen als erfahrene (Strupp & Hadley, 1979, u.a.), und der Nachweis von Placeboeffekten (Shapiro, 1971 u.a.; für eine Zusammenfassung vgl. Herschbach 1988).

Auch wenn man den Versuch unternimmt, eine klassische Ritualdefinition auf die psychotherapeutische Situation anzuwenden, treten die unspezifischen Faktoren hervor. Dies spielen wir im folgenden anhand der Definition von Grimes (1982) exemplarisch durch:

1. Personen in belebten Rollen:
   Im therapeutischen Setting gibt es zwei Rollen: die des Therapeuten und die des Klienten. Um in der Gesellschaft die Therapeutenrolle offiziell einnehmen zu dürfen, muß ein Mensch eine über Jahre dauernde Prozedur über sich ergehen lassen: Selektion durch Abitur und Numerus Clausus, theoretische Ausbildung an der Universität, Praktika in verschiedenen Institutionen und therapeutische Ausbildung. Er oder sie wird Prüfungen unterworfen, Diplome werden ausgehändigt und Abschlußfeiern inszeniert. (Entsprechend beim Schamanen: Berufung aufgrund von Vorsehung und persönlicher Attribute, individuelle Fremd- und Selbstausbildung, explizite Initiationsriten). Nach entbehrungsvollen Jahren endlich, findet sich der Novize in seiner ersten Anstellung und damit in besagter Therapeutenrolle wieder. Mit der Rolle verbunden sind Attribute wie Aufmerksamkeit, Distanz, Empathie, Stärke, Übersicht und Strukturierung, um nur einige zu nennen. Die Rolle ist nicht verfestigt, indem das konkrete Verhalten vorgeschrieben ist, aber ihre Charakteristika werden unmißverständlich vermittelt, z.B. durch die Körperhaltung, das 'Therapeutengesicht', die Art und Weise der Gesprächsgestaltung.
   Mit der Klientenrolle sind die Möglichkeiten, Schwäche zu zeigen, ein Problem offenzulegen, Rat zu suchen und dem Therapeuten als Experten zu vertrauen, verknüpft.

2. Inszenieren formalisierter Handlungen:
   Formalisierte Elemente finden sich in allen Therapieformen. Ein gutes Beispiel dafür ist die Tranceinduktion in der Hypnotherapie: Die Klientin wird aufgefordert, sich bequem hinzusetzen und zu entspannen. Die Therapeutin sitzt gegenüber oder auf der Seite und spricht mit ruhiger, gleichmäßiger Stimme, um die Klientin in den hypnotischen Zustand zu versetzen. Die Therapeutin hält beispielsweise einen Stift, eine Kristallkugel oder ähnlich reflektierende Gegenstände vor die Augen der Klientin. (Entsprechend in der schamanischen Heilkunst: Kampf gegen Geister, geweihtes Wasser versprühen, Zauberformeln sprechen)

3. Empfängliches Gegenüber:
   In der Therapiesituation ist der Klient empfänglich für die Aussagen des Therapeuten oder (in einer Therapiegruppe) der übrigen am therapeutischen Prozess

Teilnehmenden (entsprechend im Heilritual: Familienmitglieder; Verwandte, Freunde, Stammesangehörige). Der Therapeut auf der anderen Seite ist empfänglich für die ausgesprochenen und die unausgesprochenen Probleme der Klienten, für die Atmosphäre in der Therapie und für die nonverbalen Signale. Er sitzt gleich einer Satellitenschüssel im Therapiezimmer und nimmt alle ankommenden Schwingungen auf (entsprechend fungiert der traditionelle Heiler in der Ekstase als Antenne für göttliche Botschaften).

4. Zu einem kritischen Zeitpunkt:
Erst und genau dann, wenn der Leidensdruck und damit die Motivation groß genug ist, entscheidet sich der Klient für eine Heilbehandlung. Er wendet sich an die entsprechende Institution (Klinik, Praxis, Beratungsstelle, entsprechend: Medizinmann, Schamane, Ältestenrat) und vereinbart mit dem Therapeuten den Beginn der Heilbehandlung (des Heilrituals).

5. An einem eigens dafür geschaffenen Ort:
In unserer westlichen Gesellschaft findet Psychotherapie in ausgewiesenen Räumen innerhalb von Kliniken, Einrichtungen und Privatpraxen statt (Entsprechend beim traditionellen Ritual: heilige Plätze in der Natur, Tempel, Wohnort des Heilers).

Nicht nur die *unspezifischen* therapeutischen Faktoren sind kulturübergreifend dieselben; es wurden auch unter den *spezifischen* Techniken eindeutige Parallelen gefunden.

Parallelen bei spezifischen Interventionstechniken

Herschbach (1988) führt, in Anlehnung an Torrey (1972), Ähnlichkeiten zwischen indianischen, asiatischen und afrikanischen Heilritualen und westlichen Interventionsstrategien an:

- Die Technik der Trauminterpretation und die Vorstellung vom Unbewußten werden in der Heiltradition der Iroquois Indianer in Nordamerika ganz ähnlich verwendet wie in der Psychoanalyse Freuds.
- Die Technik der freien Assoziation wird sowohl bei den Indianern Nordamerikas als auch bei gruppentherapeutischen Interventionen in Ghana verwendet.
- Schon sehr lange verwenden 'witchdoctors' in Afrika die Rauwolfia-Wurzel um Psychotiker zu behandeln. Derselbe Wirkstoff, den diese Wurzel enthält, findet sich in einem modernen Neuroleptikum (Reserpin), das hierzulande verabreicht wird. Ähnliches gilt für andere Psychopharmaka.

- In Westnigeria werden bettnässende Kinder mit einem Äquivalent zum verhaltenstherapeutischen Klingelbett behandelt: Eine am Penis festgebundene Kröte quakt, sobald das Kind einnäßt und weckt es dadurch auf.
- Die Verschreibung von 'Hausaufgaben' findet man in allen Heilbehandlungen.
- In vielen Behandlungsmethoden wird gezielt mit emotionaler Erregung gearbeitet. So zum Beispiel beim Flooding, der Urschreitherapie, Encounters und den traditionellen Heilritualen.
- Schon in den ägyptischen und griechischen Heilritualen vor mehreren tausend Jahren wurde die heilende, bzw. lindernde Wirkung von Elektroschockbehandlungen erkannt. Die entsprechende Behandlung wurde damals mit umweltverträglichen Mitteln, nämlich mit elektrischen Fischen, durchgeführt.
- Massagen, Bäder und Schwitzriten sowie die Akupunkturbehandlung wurden und werden in den verschiedensten Kulturen bei somatischen und psychischen Beschwerden eingesetzt.

Auch andere Autoren haben Parallelen gefunden, so vergleicht etwa Hauschild (1979) – obwohl er die Gleichsetzung von Heilritual und Psychotherapie als vereinfachend und sehr fragwürdig empfindet – ein süditalienisches Heilritual gegen den bösen Blick mit der psychoanalytischen Praxis.

Peter Herschbach (1988) diskutiert im Zusammenhang mit den Ähnlichkeiten auch die Therapieindikation: "Wenn ein kulturübergreifender Standpunkt eingenommen wird, läßt sich die Trennung zwischen therapeutischer Technik und therapeutischer Beziehung, zwischen unspezifischen und spezifischen Wirkfaktoren nicht aufrechterhalten" (Herschbach, S. 34). Das heißt für ihn, daß die klassische Indikationsfrage (Welche Therapieform ist bei welcher Störung für welchen Patienten am geeignetsten?) in die allgemeinere Frage umgewandelt werden muß: "Unter welchen Bedingungen verändern sich Menschen im Rahmen von Psychotherapie?" (ebd.). Das Ritual ist eine dieser Bedingungen. Wenn wir die rituellen Elemente der modernen Psychotherapie stärker beachten und die bereits existierenden Erkenntnisse über Ritualwirkung nutzen, dann könnte sich die Indikationsfrage und die Diskussion um die effektivste Therapieform eventuell erübrigen.

Die Funktion der Psychotherapie für die Gesellschaft

Therapeutische Systeme stehen nicht isoliert in einer Gesellschaft, sondern sind mit den verschieden ökologisch–sozialen Institutionen verknüpft (vgl. Abb.4). Therapie erfüllt in der Gesellschaft immer eine bestimmte *Funktion*. Aus dieser Funktion

10. Psychotherapie als Ritual

lassen sich weitere Übereinstimmungen zwischen Psychotherapie und traditionellem Heilritual ableiten.

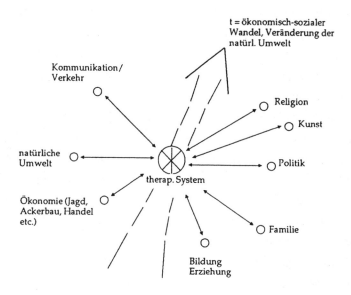

Abb. 4: Funktionen des therapeutischen Systems im ökologisch-gesellschaftlichen Kontext aus: Andritzky (1989b) S. 215

Therapie als Wiedereingliederungsmaßnahme:

Ist ein Mensch schwer krank, so kann er nicht mehr in vollem Umfang an den Aktivitäten in der Gesellschaft partizipieren. Längerfristig ist die Gemeinschaft aber auf das Mitwirken aller Mitglieder angewiesen. Daher ist es das Interesse der Gemeinschaft – sowohl in traditionellen Kulturen, in denen das Mittragen der Kranken noch existentieller ins Gewicht fällt, als auch in der finanzkräftigen westlichen Kultur – die Heilung der Betroffenen voranzutreiben und sie zu rehabilitieren und zu resozialisieren. Ist eine Herstellung der Gesundheit nicht möglich, so wird der Betroffene abgesondert. Dies bedeutet in traditionellen Gesellschaften im schlimmsten Fall Außstoßung oder Tod, in modernen Gesellschaftsformen (oft lebenslange) Hospitalisierung.

Das Initiationsmotiv

Traditionelle Rituale sind oft Initiationsrituale, deren Ablauf, wie in Teil I beschrieben, einer dreigliedrigen Struktur von Trennung – Schwelle – Angliederung folgt. Nicht nur die in allen Kulturen bedeutenden und großen Initiationen zum Erwach-

10. Psychotherapie als Ritual

senen, sondern auch die 'kleineren' Heilrituale tragen das Initiationsmotiv der Wiedergeburt in sich. Mithilfe der Initiationsrituale, (die sich z.T. über Jahre hinziehen), gilt es, den Übergang von einem alten (unwissenden, unverantwortlichen) in einen neuen Zustand zu vollziehen, der sich u.a. durch Einblick in geheimes Wissen, in die Mysterien, und in die Mythologie auszeichnet. Nach Vollendung dieser Rituale trägt der Initiierte die volle Verantwortung des erwachsenen Menschen für sein Handeln und ist ein vollwertiges Mitglied seiner Gesellschaft..

Auch in der westlichen Therapie werden unabhängig von der Ausprägung der Problematik und den individuellen Zielen des Klienten implizit Verantwortungsübernahme und Unabhängigkeit als übergeordnete Ziele angestrebt.

Der Einweihungsprozess ist für den Initiianden nicht einfach. In traditionellen Ritualen umfasst er viele Prüfungen und Qualen (z.B. Nahrungsentzug, Isolation, Schmerzen), die verbunden sind mit Angst und Schrecken, aber auch mit Erleichterung, Stolz und Freude, wenn sie überwunden wurden. Diese Aspekte werden von der jeweiligen gesellschaftlichen Gruppe in selbstverständlicher Weise als Bestandteile des Reifungs- und Lernprozesses akzeptiert.

Auch die Psychotherapie trägt das Initiationsmotiv in sich. Sie ist – wenn sie erfolgreich ist – ein substantieller Veränderungsprozess des Individuums und von Teilen des umgebenden Systems, ein Neuanfang. Dem Widerstand in der Therapie liegen dieselben Ängste zugrunde wie sie im traditionellen Initiationsritual auftreten: die Angst, Dinge zu entdecken, die schmerzvoll sind, die Angst, ungeliebte Aspekte zu zeigen, die Angst vor der Unsicherheit, die mit den möglichen Konsequenzen einhergeht.

Psychodrama – ein Beispiel für ein modernes Heilritual

Die Psychodramatische Therapiearbeit ist in ihrer ganzen Struktur und Ausformung – im Vergleich zu anderen anerkannten Therapiemethoden – diejenige, die wohl am deutlichsten die wesentlichen Elemente der traditionellen Heilrituale in sich vereinigt. Dies versuchen wir im Folgenden herauszuarbeiten. Als erstes werden wir – allerdings nur in fragmentarischer Form – die Ursprünge des Psychodramas im Theater aufzeigen.

Vom Drama zum Psychodrama:

Das Theater wurzelt in der frühesten Geschichte der Menschheit und entwickelte sich aus Ritualen und religiösen Festen heraus. In Griechenland kamen dabei sehr viele Menschen auch aus entfernteren Gegenden zusammen, um gemeinsam zu

10. Psychotherapie als Ritual

tanzen, zu singen und sich Geschichten zu erzählen. Bei wichtigen Festen sangen große Chöre von über hundert Menschen die traditionellen Mythen, die den Zuhörern erzählten, wo ihr Platz in der Ordnung der Welt liegt. Während der Perioden von Aeschylus und Sophokles (6. und 5. Jh.v.Chr.) wurden die ersten Schauspieler in diese Feste eingeführt (zu Beginn nur ein einziger), die die Erzählungen der Mythen dramatisch umsetzten. Schon damals erkannte man den kathartischen Effekt auf Schauspieler und Zuschauer, der durch das unmittelbarere Miterleben des In-Szene-Setzens entstand. Im Verlauf der Zeit wurden die Geschichten der Götter immer differenzierter dargestellt – das Theater entwickelte sich. Aus der Zeit von Aristoteles ist bekannt, daß die starken Gefühle des Protagonisten dazu dienten beim Publikum Mitgefühl und Schrecken auszulösen und es dadurch gleichzeitig von diesen Gefühlen zu befreien. Der tragische Held erlebte exemplarisch einen inneren und äußeren Prozess und das Publikum beschritt durch die starke Identifikation mit ihm denselben Weg. Für Siroka (1978) besteht der Unterschied zwischen den religiösen Ritualen und dem frühen Theater in der Art der Katharsis: Wo in den Übergangs- und Heilritualen Priester, Protagonisten und die übrigen Ritualteilnehmer *aktiv* durch ihre Handlungen die Katharsis erleben, wandelt es sich in der antiken Tragödie in eine *passive*, aber dennoch sehr emotionsstarke und energiegeladene Form.

Das Psychodrama des 20. Jahrhunderts:

Das Psychodrama als Therapieform geht über den Rahmen des klassischen Dramas hinaus und knüpft gleichzeitig an dessen Wurzeln, den archaischen Initiationsritualen an. Während das Drama auf einem mythologischen, historischen oder imaginativen Stoff beruht, welcher festgeschrieben ist, und die Rollen der Schauspieler definiert, fußt das Psychodrama auf der wahrgenommenen Realität des Protagonisten und damit seiner individuellen Geschichte. Das klassische Drama läßt ein fiktives oder auch real-historisches Geschehen wieder aufleben, im Psychodrama dagegen entsteht jeweils ein neuer biographischer Mythos, der stets direkte Bezüge zwischen vergangenen und gegenwärtigen Begegnungen des Betroffenen mit sich selbst und anderen wichtigen Personen in seinem Leben ausdrückt.
Still (1995) sieht Morenos Therapiekonzept als "..eine Reaktion auf die neue psychische Lage der Menschen des 20. Jahrhunderts, die entwurzelt und heimatlos sich an ständig sich verändernde gesellschaftliche Kontexte anpassen müssen" (S.19). Im Psychodrama sieht er das Ritual "..nicht einfach reproduziert, sondern auf eine neue Stufe gehoben.." (ebd.). In Morenos Ansatz wird der Protagonist zum Schöpfer seines eigenen Dramas, das "..unter völlig veränderten

10. Psychotherapie als Ritual

gesellschaftlichen Bedingungen Initiation ermöglicht" (ebd.). Das Psychodrama fügt den Elementen des klassischen Dramas (Bühne, Schauspieler, Regisseur, Inszenierung, Zuschauer) das Prinzip der Spontaneität hinzu. Aufgrund der Erfahrungen mit seinen eigenen Kinderspielen*[7] und den Beobachtungen von spontanen Spielen, die die Kinder nach seinen Erzählungen unter der Märcheneiche im Stadtpark inszenierten, bemerkte Moreno die therapeutische Wirkung des unmittelbaren Agierens. Die Handlungen dienen hier nicht dazu, eine künstlerische Form zu vollenden, sondern dem lustvollen Ausprobieren von Rollen, die dem realen Leben oder der Phantasie entstammen.

Für Still (ebd.) stellen die institutionellen Faktoren: *Gruppe, Leiter* und *Spiel* "..in dieser Dreierkombination den Bezug zum archetypischen Prozess der Initiation her" (S. 20).

Die Gruppe, innerhalb der sich in archaischen Gesellschaften das Leben des Menschen und seine Entwicklung abspielt, ist an allen wichtigen Übergangs- und Heilritualen beteiligt. Auch bei uns ist beispielsweise in der Übergangszeit vom Jugendlichen zum Erwachsenen die Peergruppe von besonderer Bedeutung. Sie dient u.a. der Abgrenzung von den Eltern und in ihr werden oft spontan kleine 'Initiationsrituale' abgehalten*[8] Im psychoanalytischen Kontext, so Still, "..wird die Gruppe als Ganzes sehr eng mit dem Mutter-Symbol verbunden gesehen (vgl. Kutter, 1985)". Damit besteht für ihn ein "enger unmittelbarer Zusammenhang" zwischen Gruppentherapie und Übergangsritualen, die oft mit "..einem symbolischen regressus ad uterum, der Rückkehr in den Mutterleib..." verbunden sind (Still, S. 21). Die Psychodramagruppe kann in diesem Sinne als moderne "Initiationshöhle" verstanden werden durch die "..die bisher gültige Ichkoordination des Individuums..." (ebd.) durcheinander gebracht wird.

Der Leiter ist in allen Ritualen ein Mensch mit einem besonderen Status. Das mit den Ritualen verbundene Wissen wird den Teilnehmern nur zu einem geringen Teil theoretisch weitergegeben, "..der Hauptweg der Traditionsvermittlung [ist] die den ganzen Menschen erfassende, numinose Erfahrung, das tief aufwühlende Erlebnis,

---

[7] Berühmt ist seine Anekdote vom "Gott und Engel"- Spiel im Keller seines Wiener Elternhauses, währenddessen er sich beim Flugversuch als "Gott" das Handgelenk brach

[8] Extreme, negative Ausformungen davon finden sich z.B. in rechtsradikalen Gruppen oder in der 'Szene' der Drogenabhängigen.

10. Psychotherapie als Ritual

das eine Neuorientierung möglich und notwendig macht" (ebd.). Der Ritualleiter gibt stellvertretend für das Kollekiv den Weg und das Ziel des Übergangs vor. Der Leiter im Psychodrama dagegen *weiß* den individuellen Weg des Protagonisten *nicht*. Dennoch bekleidet er eine wichtige Funktion als Begleiter, "..der die Symptome als symbolische Information über einen Prozess aufnimmt und bereit ist, in einen Dialog mit dem Klienten einzutreten, in dem dieser lernt, mit seiner Lebenskraft, seiner Spontaneität oder seinem Selbst in Kontakt zu kommen" (S. 19). Der Psychodramatherapeut wirkt strukturierend, indem er die Dramaturgie der Protagonistenspiele anleitet und mithilfe der Doppeltechnik Akzente setzt. Genauso wie der traditionelle Heiler darf er keine Angst vor dem haben, was der Protagonist im Spiel erlebt. Er motiviert ihn gegebenenfalls dazu, weiterzugehen, Neues auszuprobieren und er vermittelt die Sicherheit "..aus eigener Erfahrung, daß sich die Suche in jedem Fall lohnt, ja daß sie zum Sinn des Lebens wird" (S.23).

Das Spiel:

> "Heraklit schreibt: 'Der Aion ist ein spielendes Kind, Brettsteine schiebend. Königsherrschaft des Kindes.' In diesen Vergleich kleidet Heraklit seine Einsicht in das unaufhörliche Werden und Vergehen im Kosmos, der da ist 'wie ein Mischtrank, der sich zersetzt, wenn er nicht immer wieder aufgerührt wird'." (Leutz, 1974, S. 30)

Nach Eliade (1988, S. 138 ff) gibt der Ritus mit seiner wiederkehrenden Dramatisierung der Schöpfungsmythen dem Menschen die Möglichkeit, seine Alltagsrealität und die damit verbundenen Beschränkungen zu transzendieren, indem er in Gestalt eines Gottes oder Helden dessen Taten ausführt. Er wird selbst zum Schöpfer und befreit sich dadurch vor der Unsicherheit und Angst vor der ungewissen Zukunft. Im Psychodrama rückt das Spiel ins Zentrum der therapeutischen Methoden, deshalb stehen ihm neue Möglichkeiten offen. Das Spiel ist nicht festgelegt. Es birgt etwas Leichtes, aber auch etwas Ungewisses in sich, nämlich, wie es ausgehen wird. Deshalb empfinden viele Gruppenteilnehmer - zumindest zu Beginn - Angst vor dem Spielen. Dem begegnet das Psychodrama durch die Anwärmphase (oft in Form eines Gruppenspiels), das jedem Protagonistenspiel vorangeht, und das als Ritual der Vorbereitung und Einstimmung auf den Hauptakt gesehen werden kann. Das reine Spiel hat etwas Absichtsloses und ist nach Winnicott (1974) ein "ungerichteter Zustand". Die Ratio tritt dabei zurück und "..die Intensität des Bewußtseins [wird] soweit gelockert [...], daß unbewußte Bilder und Phantasien auftauchen und unintegrierte

Persönlichkeitsanteile das Handeln beeinflußen dürfen, so daß neue, kreative Selbst- und Objekterfahrungen zugelassen werden können.." (Still, S. 24). Das Spiel setzt in den traditionellen Übergangsritualen *und* im Psychodrama genau dann ein, wenn es darum geht, sich neue Lebensaufgaben zu erschließen und neue Handlungsräume zu eröffnen, d.h. wenn das alte und bekannte offensichtlich zu Ende ist und das Neue aber noch in der Zukunft liegt. Für Winnicott (1974, S. 63) hat das Spiel daher eine ganz besondere Stellung im Leben des Menschen: Es ist von der frühen Kindheit an maßgeblich am Entwicklungsprozess beteiligt. Dabei ist es seiner Meinung nach weder ein "Teil der intrapsychischen Realität", noch ein "Teil der äußeren [lebenspraktischen] Welt". Es befindet sich dazwischen, in einer "..Dimension des noch Gestaltbaren, des Unfertigen.." (Still, S. 24), am Beginn jeder schöpferischen Entwicklung.

Der psychodramatische Prozess

Im analytischen Psychodrama Jungscher Ausrichtung wird der Ritualcharakter der Methode besonders hervorgehoben: Für Barz (1988) dient das Psychodrama der Übersetzung archetypischer Inhalte in die Sprache konkreter leiblicher Gestalt und Handlung. In diesem Sinne fördert das Psychodrama den Individuationsprozess. Es kann aber auch in direkter Analogie zu den traditionellen Riten als ein moderner Initiationsvorgang betrachtet werden. Diese Hypothese vertreten Scategni (1994) und Still (1995). Der psychische Verwandlungsprozess, der sich in der analytischen Psychodramatherapie ereignet, kann in groben Zügen wie folgt zusammengefaßt werden:

Die Teilnehmer der Gruppe sitzen immer im Kreis, im *Yantra*, bzw. *Tenemos* (=Tempel), dem in allen Kulturen besondere Kraft zugesprochen wird (vgl. Eliade, 1984). In dieser schützenden Atmosphäre (Initiationshöhle) haben sie die Möglichkeit, zu regredieren (zurück in den Mutterleib). Dabei kommen sie in den Spielen immer mehr mit den unter der Persona liegenden, bis dato unbewußten oder negierten Persönlichkeitsschichten in Kontakt. Über die Rollen, die der Protagonist verkörpert, tauchen Schattenanteile, wie beispielsweise Machthunger, Neid, Aggression bei ihm selbst und bei den Mitspielern auf, was meist zuerst einmal abgewehrt wird (Projektion auf die Rolle, auf die Mitspieler, auf die auftauchenden Figuren). In den nächsten Schritten geht es darum, nach und nach die einzelnen Projektionen zurückzunehmen und sie als zu sich selbst gehörig zu erkennen und anzunehmen. Diesen Erkenntnisprozess, der mit Schmerzen verbunden ist, bezeichnet Scategni (1994) als "Zerstückelung" der Persona mit anschließender Neugeburt des

10. Psychotherapie als Ritual

'ganzen' Selbst. Damit stellt sie die Analogie zur mystischen Zerstückelung, wie sie in den meisten Schamaneninitiationen vorkommt, her, während der der Schamane in einer "Art psychotischer Krise" durch einen Kampf auf Leben und Tod mit den fürchterlichen Erscheinungen der Götter und Dämonen geht (vgl. Campbell, 1991). Paul Uccusic (1991) bemerkt auf den modernen Menschen bezogen: "Die schreckliche Realität, die uns in diesen [...] Phantasien entgegentritt, ist die Realität der menschlichen Seele selbst" (S. 85). Die Ganzheitlichkeit und spirituelle Perspektive der analytischen Psychodramatherapie wird in Scategnis Konzept von der psychodramatischen Zeit (vgl. S. 73 ff) noch anschaulicher:

Sie unterscheidet *drei* Dimensionen der Zeit im Psychodrama: Diejenige "..des 'Hier und Jetzt', die der gerade in der Sitzung erlebten Augenblick entspricht".., diejenige "..des 'Dort und Damals', der wieder lebendig gewordenen Erinnerung, und schließlich [die] zeitlose Dimension des Traums" (S. 73).

1. Ebene: Hier und Jetzt
    Es ist die Ebene der Interaktionen zwischen den Gruppenteilnehmern und zwischen ihnen und den Leitern. Die Übertragungen und Gegenübertragungen der Personen treten im Spiel durch die Techniken der Rollenwahl, des Rollentausches und des Doppelns deutlicher zutage. "Auch in dieser Dimension sind die beiden anderen (die Zeit der Erinnerung und diejenige des Traums) beständig gegenwärtig und manifestieren sich in subtilen Interaktionen.." (S. 73). Beziehungsklärungen mit relevanten Personen in der Gegenwart und mit den Gruppenmitgliedern stehen hier im Vordergrund.
2. Ebene: Dort und Damals
    Diese zweite zeitliche Perspektive entsteht durch die Erzählungen der Teilnehmer von Ereignissen aus ihrem Leben. Über die psychodramatische Darstellung (d.h., über das intensive Wiedererleben auf der Bühne, das Hineinversetzen in die Interaktionspartner, etc.) und das Identifikationsfeedback aus der Gruppe kann der Protagonist seine persönliche Geschichte besser erkennen. Indem er das 'Damals' direkt mit dem 'Jetzt' vergleicht, sieht er, daß er selbst und die Situationen, die er erlebt, nicht mehr dieselben sind, und daß Veränderung längst stattgefunden hat.
3. Ebene: Zeit ohne Dauer
    Die Traumdimension ist ein zeitloser Raum, in dem sich das persönliche und das kollektive Unbewußte Ausdruck verschafft. Die gefühlsbetonten Komplexe des persönlichen Unbewußten sind meist von einem Archetyp aus dem kollektiven Unbewußten beherrscht, der in symbolhaften Bildern, Szenen und Figuren

10. Psychotherapie als Ritual

sowohl in den Träumen als auch in den Spielen der Gruppenmitglieder auftritt. Aufsteigende Archetypen setzen mit dem Eintritt ins Bewußtsein große Energiemengen frei (kathartische Effekte), und es kommt dabei zum Übergang von der linearen, historischen Zeit zur zyklischen, "heiligen" Zeit. Das Psychodrama hat also nicht nur die Möglichkeit, das erlebte Leben von Vergangenheit und Gegenwart bildhaft (in Form von 'Ikonen') auszudrücken, sondern auch die Träume, Phantasien und Wünsche der Spieler. Hillman (1983, S. 11 ff) spricht in diesem Zusammenhang von Epistrophie. Damit meint er eine Rückführung der Phänomene auf ihr Urbild: "..eine Methode, die [...] einen psychischen Prozess mit seinem Mythos und ein Leiden der Seele mit dem urbildlichen Mysterium, welches darin ausgedrückt wird, verknüpft" (ebd. S. 11).

"So gelangt man in die Zeit der Seele, in der die Gesetze der Logik keine Gültigkeit haben und die weder Werte noch Gut und Böse, Moral und Unmoral kennt, ja für die die Zeit überhaupt nicht existiert. [..] In ihr stehen nicht länger Fragen des täglichen Lebens im Vordergrund, sondern Probleme des menschlichen Schicksals, die [..] auch das griechische Theater beherrschten" (Scategni, 1994, S. 78).

Dies ist auch die Auffassung von Hillman (1993, S. 37 ff), wenn er sagt, daß mit dem Eintritt in die mythologische Zeit, bzw. die Traumzeit, die rein traumatische Welt, in der man sich selbst als Opfer der Ereignisse fühlt, verlassen wird. Paradoxerweise wird dann ein schmerzhaftes Ereignis intensiver, aber in einem anderen Sinn, denn in der Traumzeit wird es mit anderen Ereignissen verknüpft, die wichtiger sind als das Ego. Diese Transzendierung der (Ego)Grenzen und das damit verbundene Erleben von Sinnhaftigkeit des eigenen Schicksals, sowie eines Eingebundenseins in den Kosmos, hilft eigenes Leid anzunehmen und darüber hinauszuwachsen. Diese spirituelle Sichtweise von Therapie steht im Einklang mit Jungs Auffassung, daß Heilung im tieferen Sinne immer auch ein Wiederfinden der Religiosität zum Inhalt hat.

"Sobald der Schauspieler die Maske der von ihm gespielten Rolle abnimmt, sieht er sich als Mensch mit den Fragen der leeren Maske konfrontiert, die das Symbol für die Welt des Jenseits und der Götter ist. Das Bewußtsein stellt sich selbst in Frage. [..] Das Unbewußte hört nie auf, in seiner Sprache - einer Bilder- und Mythensprache - eine Antwort auf diese Frage zu suchen, und es findet immer neue, unerschöpfliche und rätselhafte Antworten" (Scategni, 1994, S. 78-79).

10. Psychotherapie als Ritual

Unterschiede zwischen traditionellem Heilen und Psychotherapie

So verblüffend die Parallelen zwischen wissenschaftlich-therapeutischer und indigener Heilbehandlung sind, so ist es doch genauso wichtig, die wesentlichen Unterschiede herauszuarbeiten. Dies soll nur in groben Zügen geschehen, ohne auf die phänotypischen Detailunterschiede der Behandlungsformen und der praktischen Umsetzung einzugehen. Wir wollen in diesem Rahmen lediglich auf die verschiedenen Aspekte der Grundstruktur der therapeutischen Rituale fokussieren.

Welt- und Menschenbild / Krankheits- und Heilungsverständnis

In traditionellen Gesellschaften ist das Menschenbild ganzheitlich. Der Mensch ist eng verwoben mit Natur und Kosmos, mit natürlichen und göttlichen Kräften; Körper und Seele sind so wenig getrennt wie Medizin und Religion. Über regelmäßig begangene Rituale wird dieses Weltbild immer wieder manifestiert und im Menschen reaktiviert. Das ganze Weltgeschehen und darunter auch die menschlichen Phänomene folgen dem ewigen, rythmischen Wandel von Geburt – Tod – und Wiedergeburt. Die Entwicklung des Einzelnen wird stark bestimmt von den Gottheiten und Naturkräften, sowie von einem Kollektiv, das persönlich und überschaubar ist. In diesen Zusammenhängen werden auch Krankheit und Heilung verstanden.

Das Weltbild des Menschen der Industriegesellschaft dagegen ist geprägt von analytischem Denken. Die Bereiche Medizin, Psychologie und Religion werden hier getrennt betrachtet. Entsprechend werden körperliche, psychische und seelische Heilung angegangen. Die Persönlichkeitsentwicklung weist eine deutliche Tendenz zur Individualität mit den Zielen von Freiheit, Selbstbestimmung und Selbstverwirklichung auf. Die technologisierten Gesellschaften sind komplexer und anonymer geworden. Der Mensch muß sich zwar auch in die Erfordernisse der Gesellschaft einpassen, aber es gibt weniger konkrete, lebenspraktische Richtlinien (stattdessen eine Überschwemmung mit Informationen und Gesetzen) und eine viel größere Bandbreite an Möglichkeiten, seinen Lebensweg zu gestalten. Der technische und materielle Reichtum bietet einerseits mehr Chancen, andererseits läßt er den Menschen im Chaos dieser beinahe unbegrenzten Möglichkeiten ohne eine Orientierung und Autorität, die die Richtung vorgibt, alleine. Nicht mehr lebendige Wesen, wie Stammesführer, geistige Autoritäten und Götter sind an der 'richtigen' Entwicklung des Individuums interessiert, sondern anonyme Konstrukte, wie Wirtschaft und Staat. Sie schauen hauptsächlich auf die 'technischen' Aspekte des Menschen: auf seine Arbeits- und Konsumfähigkeit. Zentrale Lebensthemen, wie etwa

10. Psychotherapie als Ritual

Liebe, Erotik, Angst, Sicherheit, Freude und Glück werden mehr und mehr mit dem Besitz von Konsumartikeln verknüpft. Der Konsum hat eine sinngebende Funktion übernommen. Ebenso wird bei Krankheit die Heilung erkauft und konsumiert: sie soll für das subjektive Empfinden möglichst wenig Zeit und Energie in Anspruch nehmen.

Van der Hart (1981) betont, daß sich moderne Behandlungsformen insofern von traditionellen Methoden unterscheiden, als in den westlichen Gesellschaften *nicht* von identischen Welt- und Krankheitsbildern bei Heilern und Patienten ausgegangen werden kann. Auf den ersten Blick widerspricht das Franks common factors. Wenn man den Sachverhalt aber auf zwei Ebenen betrachtet, sind durchaus beide Auffassungen zutreffend. Wenn bei uns ein Klient zu einem Therapeuten kommt, teilen sie (mehr oder weniger) ein gemeinsames Weltbild, welches – so könnte man vereinfachend sagen – auf den neuesten technischen Erkenntnissen beruht. Auf einer spezifischeren Ebene allerdings *können* die Vorstellungen von Laie und Experte aufgrund der starken Spezialisierung und Pluralisierung der wissenschaftlichen Theorien meist gar nicht übereinstimmen. Denn in das therapeutische Wissen und Vorgehen ist der betroffene Klient nicht – wie in traditionellen Kulturen (z. B. durch passive Teilnahme an einem Heilritual) – über das ganze Leben hinweg eingewöhnt worden. Westliche Heiler stehen viel öfter vor der Aufgabe, ihren Klienten den jeweiligen therapeutischen Mythos nahebringen (bzw. ihn davon überzeugen) zu müssen und zwar so, daß er an Begrifflichkeiten und den aktuellen Zustand der Klienten anknüpft. Das ist vermutlich ein Grund dafür, warum in unserer Therapie – im Gegensatz zur traditionellen Therapieform - oft Zweifel und Widerstände beim Klienten und vor allem bei den Angehörigen entstehen.

Zusammenfassend kann man sagen, daß sowohl den westlichen als auch den traditionellen Heilverfahren ein jeweils eigenes Weltbild – ein großer Mythos – zugrunde liegt. Die speziellen Mythen der verschiedenen Heilrituale traditioneller Herkunft sind religiös-spirituell. Sie sind vollständige, explizite Geschichten aus der Vergangenheit, die ganzheitlich die Lebenszusammenhänge betreffen. Die Theorien, die den westlichen Therapien zugrundeliegen, dagegen, sind säkularer Natur. Sie haben fragmentarischen Charakter, in dem Sinne als sie nur die jeweilige Methode, die spezielle Störung oder Krankheit erklären. Sie sind "...oft implizit; sie bestehen dann aus den bedeutungsreichen, aber nicht vollständig entwickelten Elementen einer potentiellen Geschichte" (van der Hart, 1982, S. 23).

10. Psychotherapie als Ritual

Entwicklungskonzepte: Kollektives Werden vs. Individuation

Entsprechend der verschiedenen Weltbilder unterscheiden sich auch die Vorstellungen über eine erstrebenswerte Entwicklung des Menschen. In traditionellen Gesellschaften steht die individuelle Entwicklung stärker unter der sozialen Kontrolle einer überschaubaren Gemeinschaft Rituale bilden den Rahmen, innerhalb dessen das Individuum fortschreiten kann; oft vollziehen viele Menschen gemeinsam die Schritte auf dem Weg zum 'spirituell voll entwickelten Menschen'. Die in der Gemeinschaft vollzogene Identifikation mit dem Göttlichen ist das höchste Ziel jedes Individuums. Die Alten, Priester und Schamanen als Stellvertreter der höheren Kräfte "machen" (Eliade, 1958, S. 239) den Menschen gemäß den göttlichen Werten zu einem geistig-spirituellen Wesen, so daß er der Gemeinschaft nützen kann.

Für die meisten Menschen der technologisierten Gesellschaften ist es (trotz Religion und Kirche) nicht möglich auf selbstverständliche Weise eine (kosmische und irdische) Bestimmung zu finden, weil die entsprechenden Werte und Verhaltensregeln nicht mehr von dominanter und bindender Bedeutung sind. Jung verarbeitete diese Problematik in seinem Individuationskonzept: Unter Individuation versteht Jung den Prozess der Selbstwerdung hin zu einer reifen Persönlichkeit. "Dieser seelische Wachstumsprozess kann nicht 'gemacht' werden, sondern [ist] etwas Naturgegebenes..." (von Franz, in: Jung, 1985, S. 161). Ziel oder Sinn des menschlichen Lebens ist es, sich all der Aspekte des Selbst (Körper und Geist, Bewußtes und Unbewußtes), in dem die ganze Menschheitsgeschichte als 'Minikosmos' vorhanden ist, bewußt zu werden. Die Möglichkeit der Individuation ist in jedem Menschen angelegt, verläuft aber individuell verschieden. Das Wachstum der Seele ist für von Franz ein schöpferischer und der alltäglichen Nützlichkeit und Zweckmäßigkeit *entbundener* Prozess. Auf dem Wege der Individuation, die der moderne Mensch weitgehend ohne gesellschaftliche Anleitung beschreitet, stellen sich ihm je nach Entwicklungsstadium verschiedene universelle innere Themen. Die Konfrontation mit einem neuen Thema ist häufig krisenhaft und stellt einen Übergang in eine neue Lebensphase dar, den das Individuum abhängig von seinen Möglichkeiten mehr oder weniger gut bewältigt. An den Stellen, an denen in traditionellen Kulturen die kollektiven Übergangsrituale griffen und greifen, setzt bei uns unter Umständen die individuelle Psychotherapie ein.

10. Psychotherapie als Ritual

Öffentliches vs. privates Ritual

Im traditionellen Ritual findet die Lösung eines (potentiellen) Problems öffentlich statt. Familienangehörige, Nachbarn und entferntere Verwandte (Stammesangehörige) beteiligen sich neben dem Heiler (und den Göttern und Ahnen) am Heilungsprozess und greifen teilweise in das Ritual ein (z.B. indem sie Orakelaussagen mitinterpretieren). Nur die Initiation zum Schamanen ist ein *individueller* (Berufungs-) Prozess, den der Initiand alleine bewältigen muß und für den er nur am Rande die Begleitung eines erfahrenen Schamanen erhält.

In der Industriegesellschaft ist Psychotherapie (wie allgemein gesundheitliche Themen) für alle kein kollektives, sondern ein privates, fast als intim zu bezeichnendes Geschehen, das häufig sogar geheimgehalten wird. Dabei ist die Therapie sehr individuell gestaltet und in diesem Sinne einmalig. Dies entspricht dem in unserer Gesellschaft vorherrschenden Ideal der Individualität als Abgrenzung von der anonymen Masse, das einen notwendigen Schutz vor dem Gefühl der Sinnlosigkeit darstellt.

Darbietung der Behandlung

Die klassischen Rituale stellen sich dem Beobachter bunt und theatralisch dar. Alle Sinne werden angesprochen. In die bunte Ausschmückung des Rituals sind zahlreiche Symbole und Funktionen verwoben und sie zählen so zu den wirksamen Elementen von Ritualen. Im Gegensatz dazu ist das 'therapeutische Setting' vordergründig nüchterner und technisierter. Ein schmuckloser Raum mit funktionaler Einrichtung und metallenen Apparaturen ohne farbenprächtige Symbolik und Ausstaffierung entsprechen eher unserem wissenschaftlichen Heilungsansatz.

Auf den zweiten Blick merkt man aber, daß auch aus der modernen therapeutischen Darbietung die 'Magie' nicht ganz verschwunden ist. Sie hat sich vielmehr ein anderes Kleid angezogen: Sie flimmert aus bunten Bildschirmen, strömt aus Elektroden, blinzelt aus der Einwegscheibe und ruht als gewichtiges Nachschlagewerk im Regal.

Universalisten vs. Spezialisten

Heiler und Schamanen sind oft Universalisten, die ganzheitlich heilen, und die häufig gleichzeitig auch die Gemeinschaft kulturell und geistig mit anführen. Rituale zur Heilung sind immer zugleich präventiv und kurativ, wirken auf gesellschaftlicher *und* individueller Ebene (sozusagen systemisch), geschehen symbolisch und konkret.

Heute im Westen herrscht dagegen eine Aufsplitterung in Spezialisten vor. Das Detailwissen in den einzelnen Fachbereichen der wissenschaftlichen Disziplinen ist enorm. Entsprechend entwickeln sich immer differenziertere psychische und somatische Krankheitsbilder. Heilung geschieht vorwiegend auf individueller, konkreter und symptomorientierter Grundlage. Das Wissen über Gesamtzusammenhänge dagegen wird bei

den einzelnen Institutionen immer kleiner. Dadurch entstehen oft Widersprüche und Redundanzen in der Gesundheitsversorgung.

11. Rituale in der Psychotherapie: Möglichkeiten und Grenzen

Historischer Abriß der Anwendung von Heilritualen in der westlichen Kultur

Ursprünge der modernen Psychotherapie – Heilen mit magisch-religiösen Ritualen

Unsere heutigen Psychotherapien begründen sich auf zwei Traditionen: die magisch-religiöse, die die ältere ist, und die naturwissenschaftliche, eine vergleichsweise junge Tradition. (Frank, 1981). Andritzky (1989b) schreibt:

> *"Ein Kodex therapeutischer Praktiken und volkstümlichen Wissens hat lange existiert, bevor sich klinische Psychologie und Psychotherapie als Begriffe im Rahmen der akademischen Psychologie durchgesetzt haben" (S. 94).*

Psychische Leiden kannten die Menschen zu allen Zeiten und in allen Kulturen und immer gab es auch Heiler dafür. Je nach Region und Tradition hatten sie verschiedene Schwerpunkte (z.B. Ratgeben als Weiser, Orakelspezialisten, Kräuterkundige, Hebammen). Innerhalb der Gesellschaft gab es oft mehrere Heiler mit jeweils unterschiedlichen speziellen Fähigkeiten. Diese

> *"...Urformen der Psycho- und Sozialtherapie, der Lebensberatung und Krisenintervention [wurden] ebenso wie heute so manche wirksame Arzneimittel durch instinktives 'Erkennen' oder durch einen Prozess von Versuch und Irrtum über lange Zeiträume entdeckt..." (Andritzky, ebd., S. 194).*

und als Mythen überliefert. In unserem Kulturkreis wurde heidnisches Wissen in die christlich geprägte Heilkunst übernommen, und jeweils so modifiziert und be-

11. Rituale in der Psychotherapie: Möglichkeiten und Grenzen

reinigt, daß es in dieses Weltbild passte.

Mit der Aufklärung öffnete sich dann eine Schere zwischen Volksweisheit und Wissenschaft: Während sich in einigen (ländlichen) Gebieten in der Bevölkerung der Glaube an Heilrituale halten konnte (z.B.: Heilritual gegen den 'bösen Blick' in Süditalien; 'Häzer' (= Hexer) in Süddeutschland), wendete sich die Schulmedizin entschlossen von dieser Art des Heilens ab und folgte der naturwissenschaftlichen, positivistischen Tradition.

Ein Beispiel dafür, wie sich innerhalb dieser Tradition trotzdem eine aus dem magisch-religiösen Zweig stammende Heilmethode zur modernen Psychotherapieform entwickelt hat, ist die Hypnose: Die Induktion von Trance war zu allen Zeiten ein wesentliches Element der klassischen Heilrituale. Die frühe Geschichte der Hypnose ist deshalb identisch mit der Geschichte der Rituale. In den Ritualen prähistorischer Menschen fand bereits 'Suggestionstherapie' (Selbst-, Fremd-, und Gruppenhypnose) statt. In allen Kulturen egal ob 'hochentwickelt' oder bei den Naturvölkern wurden selbstverständlich gruppenhypnotische Rituale als Heilmethoden angewendet. Berühmte Beispiele sind die griechischen und römischen Orakel, der Exorzismus, der griechische Tempelschlaf, die Wunderheilungen christlicher Mönche, die schamanischen Heilrituale verschiedener indianischer Stämme, afrikanisch-karibischer Voodoo-Zauber (Jovanovic, in: Revenstorf, 1990).

In den meisten Kulturen sind Heilrituale mit Trance bis heute ein ganz normaler Bestandteil der indigenen Medizin und Psychotherapie geblieben. In unserer Kultur, dagegen, wurden die (nicht zu leugnenden) hypnotischen Phänomene zunächst aus dem Zusammenhang der Rituale gelöst und konnten nur auf Schauveranstaltungen und in den Laboratorien einiger weniger Forscher überleben, bis –durch die Arbeit von Libéault und Bernheim– zu Beginn des zwanzigsten Jahrhunderts wieder die heilerischen Qualitäten der Trance in den Vordergrund rückten. Libeault und Bernheim schufen eine Rückbindung der Hypnose an ihre Ursprünge im Heilritual.

In neuerer Zeit hat Erickson es verstanden, die Hypnose auf geniale Weise zu nutzen, und so konnte sie sich in der modernen westlichen Psychotherapie und Medizin etablieren. Eine Methode, die aus der magisch-religiösen Tradition stammt, wird nun in der naturwissenschaftlichen Psychotherapie als Heilverfahren anerkannt und erforscht. Sie ist Bestandteil des Repertoires einer wachsenden Anzahl von Hypnotherapeuten, die ihrerseits mit ihren Klienten Rituale in Trance durchführen (z.B. Zeig, in: Revenstorf, 1990; Signer-Fischer, 1993).

11. Rituale in der Psychotherapie: Möglichkeiten und Grenzen

Abwendung von den traditionellen Ritualen als Heilmethode

Die Abwendung vom magisch-religiösen Zweig der therapeutischen Interventionsmöglichkeiten in unserem Kulturkreis läßt sich anhand verschiedener historischer Zusammenhänge erklären:

- Die christlich-religiös geprägte Auffassung vom Leiden und Heilen verlor stark an Macht, nachdem sie sich im Mittelalter selbst ad absurdum geführt hatte. Die Inquisition mit ihren Spätwirkungen hat verursacht, daß Volksheiler und Schamanen in unserer Gesellschaft bis heute das "..virulente Stigma des Aberglaubens, des Betruges, des Kriminellen und des Verrückten..." (Andritzky, 1989b, S. 197) tragen.

- Mit der Aufklärung begann sich das naturwissenschaftliche Denken und damit die biochemische und somatische Auffassung von Krankheit auszubreiten. Auch psychische Leiden wurden auf dieser Grundlage erklärt und behandelt. Alle Verfahren, die nicht wissenschaftlich erklärbar waren, wurden mit der Begründung, sie seien zu religiös und irrational, abgelehnt. Hauschild (1979) schreibt:

  "Waren es doch die kaiserzeitlichen Medizinalräte HOVORKA und KRONFELD, die bewußt Beschreibungen fremder Heilmethoden aus ihrem eigentlichen Sinnzusammenhang rissen und säuberlich nach akademisch-medizinischen Fächern geordnet [..] ausstellten. Was sich nicht in ihre Kategorien fügen wollte, wurde als 'unglaublich dummer Aberglaube der Kaffern' usw. abgeurteilt..." (S. 242).

- Wie bereits im Zusammenhang mit der Ritualforschung erwähnt, war die akademische Perspektive, aus der fremde Kulturen noch zu Beginn des Jahrhunderts betrachtet wurden, stark evolutionistisch geprägt.

  "Der 'Wilde' galt als Relikt aus einer früheren Entwicklungsphase der Menschheit auf ihrem Wege vom Natur- zum Kulturzustand. Es schien aus dieser Perspektive kaum denkbar, daß eine wissenschaftlich evaluierende Beschäftigung mit seinen Institutionen und im besonderen seinen medizinischen und psychotherapeutischen Kenntnissen von größerem Nutzen sein könnte" (Andritzky, 1989b, S.196).

- Als weiteren Grund für die Vernachlässigung kulturübergreifender Forschung im therapeutischen Bereich – vor allem in Deutschland – nennt Andritzky (1989b) die mangelnde Notwendigkeit, sich innerhalb der Staatsgrenzen mit ethnischen Minderheiten auseinanderzusetzen. Im Gegensatz zu den USA sei Deutschland nie aufgrund kolonialer Entwicklungen für längere Zeit mit Gesundheitsproblemen fremder Völker beschäftigt gewesen – weder auf eigenem noch auf fremdem Staatsgebiet. So ist nach Andritzky zu erklären, daß sich in den USA die Anthropologie mit traditioneller Medizin und Psychotherapie beschäftigte, während in Deutschland bis vor kurzem keine Forschung in diesem Bereich existierte. In diesem Punkt fügen wir ergänzend hinzu: Deutschland hat sich nicht nur mangels Notwendigkeit *nicht* mit den Gesundheitsproblemen anderer Völker beschäftigt, sondern es hat später, im Nationalsozialismus, Kategorien von sogenannten 'minderwertigen' Menschen aufgestellt und diese samt ihrer Traditionen zu vernichten versucht, obwohl sich die Nationalsozialisten andererseits zur Durchsetzung ihrer Macht sehr um alte germanische (Hexen-) Rituale und Symbole kümmerten.

Seit dem zweiten Weltkrieg dominiert die funktionalistische Sicht in der Erforschung von Volksheilmethoden bzw. Heilritualen, die "...der fremden Heilkunde zwar eine gewisse neue Wertschätzung entgegenbringt, welche jedoch auf einem ganz im alten Stil durchgeführten Vergleich beruht" (Hauschild, 1979, S. 242). Als 'wirksam' werden diejenigen Methoden angesehen, die der Übersetzung in die Kategorien westlicher Wissenschaft (und Moral) standhalten und die innerhalb dieser Paradigmen erklärt werden können. Überspitzt gesagt: wir erforschen nur, was wir verstehen und wir glauben nur, was wir erforschen. Eine der wichtigsten dieser wissenschaftlich-moralischen Kategorien sind: *Objektivität* und *Wertfreiheit*. Die akademische Führungsschicht der westlichen Gesellschaften vertritt, stark von den amerikanischen Idealen geprägt, die Werte der Demokratie und der wissenschaftlichen Objektivität (vgl. Frank, 1981). Aber, wie Frank treffend bemerkt, sind "die wissenschaftlichen Werte der Objektivität und des intellektuellen Verstehens kein ganz ungetrübter Segen" (ebd., S. 28) denn:

Erstens führt die Überbewertung rationaler Behandlungsaspekte dazu, daß die wenigsten Psychotherapeuten sich aus ihrem eigenen intellektuellen und kulturellen Umfeld entfernen. Das heißt, daß sie auch in der multikulturellen Gesellschaft nur 'ihresgleichen' behandeln (können).

Zweitens entspricht die Verschleierung der Tatsache, daß Therapeuten Macht ausüben, einem Selbstbetrug: Unter dem Deckmäntelchen der Objektivität dienen die Therapeuten trotzdem der Erhaltung einer vorherrschenden Ideologie (Frank, 1972). Diese Problematik verschärft sich ungemein, wenn wir die sogenannte 'Dritte Welt' betrachten: Auch heute ist die Dritte-Welt-Politik der Industriestaaten auf dem Sektor der Gesundheitsversorgung noch sehr fragwürdig. Westliche Medizin und Psychologie werden mit dem Ettikett, das 'Beste' nach heutigen Erkenntnissen zu sein, dorthin exportiert und kaum an die vorherrschende sozio-kulturelle Situation angepasst. Es wäre aber sicher angemessener, westliche Heilmethoden höchstens dort einzusetzen, wo die traditionellen Methoden aufgrund zu großer Veränderungen der Umwelt (z.B. eingeschleppte Krankheiten, zu schnelle Technisierung, Alkohol) nicht mehr ausreichen. Kunstadter (1987, zit. in: Andritzky 1989b, S. 199) nennt folgende Gefahren: In vielen Kulturen ist die traditionelle Medizin der letzte verbliebene Rest der einheimischen Tradition. Volksheiler und Medizinmänner sind gleichzeitig die kulturellen Führer und Repräsentanten ihrer jeweiligen Gruppe (Dorf, Stamm). Wenn wir die eingeborenen Medizinmänner und Volksheiler in einer Kultur dadurch entmachten, daß wir westliche Methoden einführen, führt dies dazu, daß Symbolsysteme auseinanderfallen und die Gruppenkohäsion schwindet. Die Folgen für die Kultur dieser Gruppen sind unter Umständen nicht sofort erkennbar aber deshalb nicht weniger schädlich.

> *"Die Aufklärung, sagte Kant, ist der Ausgang des Menschen aus seiner selbstverschuldeten Unmündigkeit. Das war als Kampfruf gedacht gegen einen tyrannischen Staat und eine tyrannische Religion. Die Vernunft, an die man damals appellierte war nicht das militärisch frisierte Organon der Wissenschaften von heute, sondern ein nur schlecht verstandener Kern neuer Lebensformen, wo der Einzelne mehr Freiheit im Denken, wie auch im Leben haben sollte"* (Feyerabend, in: Duerr 1985, S. 34).

Rückbesinnung auf das Ritual als Heilmethode

Vor allem im Bereich der 'new-age'- Psychotherapie blüht zur Zeit der Einsatz von Ritualen oder Ritualelementen förmlich auf. Der meist positiven Resonanz und Nachfrage von seiten der Klienten nach zu urteilen, scheint dies einem großen Bedürfnis der Menschen entgegenzukommen. Viele dieser Methoden – nehmen wir als Beispiel den indianischen Schamanismus, der in den USA und Europa gerade sehr in Mode gekommen ist – sind von unserem wissenschaftlichen Paradigma aus nicht oder nur teilweise erklärbar und eben deshalb werden sie nicht anerkannt. Im Einzelnen sind diese Methoden auch sehr genau zu betrachten und zu differenzieren, denn der Übergang zu inkompetenter und fragwürdiger Anwendung von schamanischen Elementen und Ritualen ist fließend.

Es hat aber in den letzten beiden Jahrzehnten auch eine Zuwendung der *wissenschaftlichen* Psychologie zu den traditionellen Heilmethoden stattgefunden. In den 70er Jahren erkannten zum Beispiel die Familientherapeuten den Wert der Rituale für die strategische Therapie. Danach gab es in der Psychologie ein immer stärker werdendes Interesse an der Heilkraft von Ritualen, vor allem im Zusammenhang

11. Rituale in der Psychotherapie: Möglichkeiten und Grenzen

mit Trauerarbeit (z.B. Van der Hart, 1982, 1983; Cannacakis, 1987, 1990) und in der Hypnotherapie. Die Kulturübergreifende Psychotherapieforschung, die wir in Teil I, 6.5. beschrieben haben, beschäftigt sich seit den achziger Jahren mit der transkulturellen Vergleich- und Übertragbarkeit von Heilritualen.

Interventionsmethode Ritual: Eingrenzen der Technik

"Rituals can provide a framework for helping us move beyond our impasses" (Hammerschlag, 1992, S. 30).

Wir verstehen unter einem Ritual *formalisierte symbolische Handlungen mit subjektiver Bedeutung für KlientInnen und TherapeutInnen.*
Diese Definition setzt auch im therapeutischen Bereich die Grenzen für die Interventionstechniken, die als Rituale bezeichnet werden sollen. Rituale sind nicht mit ähnlichen Interventionsformen wie Metaphern, Verhaltensübungen oder Rollenspielen gleichzusetzen:

Metaphern und Rituale

Der Einsatz von therapeutischen Metaphern ist eine Methode der klinischen Hypnose. In Trance werden Menschen Geschichten erzählt, die bestimmte Bilder enthalten. Diese Bilder können KlientInnen Informationen über ihre Probleme und entsprechende Lösungsmöglichkeiten vermitteln, ohne daß eine bewußte Verarbeitung stattfinden muß. Metaphern benennen nicht notwendigerweise die Inhalte, die sie weitergeben, sondern sie bilden Analogien. Daher sind sie nicht auf eine bewußte Verarbeitung angewiesen und können also direkt an das Unbewußte anknüpfen. Sie beschreiben den Weg der nonverbalen Informationsverarbeitung im kognitiven System der Menschen und sind – vor allem in Verbindung mit Trance – sehr wirksame Mittel der therapeutischen Intervention. Metaphern sind, obwohl sie symbolische Komponenten enthalten, keine Rituale, weil ihnen der Handlungsteil fehlt, auch wenn sie Handlungs*implikationen* beinhalten.

Verhaltensübungen und Rituale

Verhaltensübungen als Teil der verhaltenstherapeutischen Intervention (z.B. Training sozialer Kompetenz) dienen dazu, im Sinne der Klienten unangemessene Verhaltensweisen durch neue, adäquate zu ersetzen. Zunächst werden einzelne konkrete Verhaltensübungen von der Therapeutin verschrieben und gezielt eingeübt. Später lernen die Klienten die flexible Anwendung von Verhaltensweisen, die ihnen

11. Rituale in der Psychotherapie: Möglichkeiten und Grenzen

langfristig nützen. Insgesamt zielt aber Verhaltenstherapie darauf ab, die Selbstregulation der Klienten anzuregen.

Verhaltensübungen sind keine Rituale, weil sie Handlungen sind, die ausschließlich um ihrer selbst und ihres konkreten Zieles willen durchgeführt werden. Sie symbolisieren keinen größeren Zusammenhang wie es die Ritualhandlungen tun. Ein Verhalten wird geübt, um eine Person zu etwas zu befähigen, das sie vorher nicht konnte (Verhaltensaufbau).

Rollenspiele und Rituale

Rollenspiele werden in verschiedenen pädagogischen und psychotherapeutischen Zusammenhängen angewendet. Im Rollenspiel machen Menschen Erfahrungen, die sie im 'richtigen Leben' nicht gemacht haben oder nicht machen können/dürfen. In die Rolle eines anderen zu schlüpfen, ist eine wirksame Methode für Klienten, um neue Erfahrungen zu machen und eventuell alte aufzuarbeiten. Rollenspiele und Rituale sind verwandt. Rollenspiele sind aber keine Rituale, weil im Ritual nicht direkt Rollen *gespielt* werden, es wird nichts ausprobiert. Grimes (1982) spricht mit gutem Grund von 'animated persons' im Ritual (vgl. Teil I). In die Rollen im Ritual geben sich die Menschen hinein, wie in eine Hülle, über die sie zu den anderen Kontakt aufnehmen und in der sie sich verändern. Sie inszenieren etwas, aber durch diese Inszenierung verändert sich der Status der Betreffenden. Nach dem Ritual sind sie nicht mehr, wie sie vorher waren.

Gruppenübungen und Rituale

Therapeutische Gruppenübungen haben oft spielerischen Charakter und dienen meist dazu, zwischen TherapeutIn und Gruppe eine Vertrauensbeziehung herzustellen und die Gruppenkohäsion zu förden.
Einige therapeutischen Gruppenübungen sind den Ritualen sehr nah: In therapeutischen Einrichtungen für Drogenabhängige gibt es zum Beispiel täglich feste Gesprächsrunden, um die alltäglichen Ereignisse und Probleme durchzusprechen und um die Gemeinschaft zu stabilisieren. Diese Zusammenkünfte drücken abstrakte Begriffe (Gemeinschaft) symbolisch aus (im Kreis zusammenkommen) und gehorchen bestimmten Regeln der Durchführung (Uhrzeit, Anwesenheitspflicht).
Nicht umsonst finden Rituale als Interventionsform in den therapeutischen Gruppen- oder Systemansätzen besondere Aufmerksamkeit.
Gruppenübungen sind aber keine Rituale, wenn sie reine Rollenspiele sind (s.o.)

oder wenn der 'Übungsaspekt' den symbolischen Gehalt überwiegt (z.B. Sensory awareness, Training sozialer Kompetenz in Gruppen).

Anwendung von Ritualen in der Psychotherapie mit Erwachsenen

Familientherapie

Imber-Black (1990) beschreibt Rituale als "..extrem verdichtete Abläufe..", die die Kraft besitzen, "..sowohl Bestehendes zu stabilisieren, als auch Bestehendes zu verändern" (S. 237). Heilen und Feiern gehören dabei immer zusammen: Das Durchbrechen alter dysfunktionaler Strukturen im System und damit die therapeutische Veränderung manifestiert sich in der feierlichen Inszenierung eines Rituals, so daß sie für alle Beteiligten sichtbar wird. Für die Autorin ist von großer Bedeutung, daß eine Veränderung immer von der Familie begrüßt und *gefeiert* wird. Rituale werden von Imber-Black sowohl bei Familien und Paaren, als auch bei Einzel-Klienten eingesetzt. Die Funktion der Rituale für die systemische Therapie ist sehr vielfältig: Zum einen reduzieren sie die Angst vor Veränderung, "...weil man hier die Veränderung als Bestandteil des eigenen Systems erlebt und weniger als Bedrohung dieses Systems" (Imber-Black, 1990, S. 237). Zum anderen können Rituale auf verschiedenen Ebenen der sozialen Beziehungen eingreifen:

> *"Sie ermöglichen die Veränderung des Individuums (beispielsweise vom Adoleszenten zum jungen Erwachsenen), die Veränderung innerhalb verwandtschaftlicher Bezüge (wie etwa vom Eltern-Kind-Verhältnis zum Verhältnis zwischen 2 erwachsenen Menschen), die Veränderung im familiären System (wenn sich die Familie vergrößert oder Familienmitglieder weggehen) und die Veränderung in der Familiengemeinschaft (der Schulabschluß eines Kindes bedeutet z.B. nicht nur, daß es die Schule verläßt, sondern bringt auch eine Veränderung in der Beziehung der Familie zu umfassenderen Sozialsystemen mit sich)" (ebd. S.238).*

Durch die gemeinsame Vorbereitung und Beteiligung aller Mitglieder der Familie oder sozialen Gruppe am feierlichen Ritual, können soziale Rollen und ein Identitätsgefühl bezüglich dieser relevanten sozialen Gruppe bestätigt oder neu enkwickelt werden. Aufgrund der kohäsionsfördernden Wirkung des feierlichen Ritualaktes, wird den Beteiligten deutlicher, daß die Veränderung und damit die Überwindung der Problematik das Produkt der *ganzen* Gruppe ist.

Bei der therapeutischen Behandlung von Familien ist der Widerstand, den diese den Veränderungen entgegenbringen, ein zentraler Faktor. Die Familie präsentiert sich dem Therapeuten als eine Gruppe, die eine lange Vorgeschichte mit zumeist vielen unausgesprochenen Verletzungen hat, und die ein ausgefeiltes System an impliziten und expliziten Regeln entwickelt hat. Der Therapeut kann dieses komplexe System nicht einfach durch ein neues, besser funktionierendes System ersetzen. Das Ritual bietet aber die Möglichkeit, zumindest für eine genau definierte (Ritual-)Zeit andere Regeln einzuführen, mit der Chance für die Beteiligten, zu schauen, was dann passiert und welche Regeln eventuell übernommen werden könnten. Auf dieses Experiment, das Unsicherheit und Angst auslöst, können sich die Familienmitglieder viel leichter einlassen, wenn ihnen eine zeitliche und räumliche Begrenzung und eine Struktur vorgegeben ist. Auch für das Zulassen von tiefen Emotionen, das in vielen Familien tabuisiert ist, bietet das therapeutische Ritual einen sicheren Rahmen – auch dann, wenn es außerhalb der Therapiestunde stattfindet. Im Schutz der spielerischen Umsetzung und Ausschmückung der verschiedenen Ritualteile, kann das Individuum mehr wagen als in der 'Realität des Alltags' (vgl. Anwendung von Ritualen bei Kindern; Psychodrama).

Ursache vieler Probleme in Familien sind Polaritäten und Widersprüche (z.B. Erziehungsfragen, weltanschauliche Themen, Meinungsverschiedenheiten zwischen Eltern und Kindern bezüglich der Familienregeln, Rollenverteilung zwischen den Ehepartnern). Die Bedeutungsvielfalt der Symbolik in den verschriebenen Ritualen gibt beiden Polen einen Platz und entschärft - gerade bei erstarrten Fronten - auf subtile Weise den Gegensatz.

Systemische Familientherapeuten setzen Rituale allgemein in den verschiedensten Übergangsphasen im Leben eines Menschen und seiner Bezugsgruppe ein. Sie sind normalerweise in einen längeren Therapieprozess eingebettet, werden aber auch als kurzfristige, (paradoxe) Kriseninterventionen benutzt. In den Falldarstellungen der Autoren spielen Symbole stets eine zentrale Rolle bei der Planung und Ausführung therapeutischer Rituale (vgl. Van der Hart, 1983 und Teil IV, Leitfaden). Wenn Rituale durchgeführt werden, werden sie zu Schlüsselmomenten der Therapie, in denen die Klienten innerpsychisch einen Durchbruch vollziehen. Zeitpunkt, Ort und Ausführung des Rituals werden in einem Teil der Fälle mit den Klienten gemeinsam geplant (van der Hart, 1983), in anderen Fällen direktiv verschrieben (s. Teil IV, Leitfaden). Imber-Black, Roberts und Whiting (1993) betonen, daß offene und geschlossene Teile wichtig sind und daß sie – je nach Art der Problematik – variabel kombiniert werden können. Die geschlossenen Aspekte des Rituals geben den Klienten den sicheren Rahmen und Handlungsleitlinien zur Orientierung, aber auch die Motivation, überhaupt mit dem Handeln zu beginnen. In den offenen Teilen bringen die KlientInnen selbst ein, was für sie wichtig ist, damit die Intervention nicht zur bloßen Hülle oder zum Alibi wird, sondern an das individuelle

Thema der KlientInnen anknüpft, und sie persönlich berührt. Der feierliche Ritualakt findet innerhalb oder außerhalb der Therapiesitzung und unter An- oder Abwesenheit des Therapeuten statt. Wichtig ist, daß sowohl er als auch alle anderen Teilnehmenden zu Zeugen des Prozesses und der Veränderung werden.

Die *Vorbereitungszeit* des Rituals ist eine wichtige Phase, denn der Klient wird hier schon im Schatten des bevorstehenden Ereignisses aktiv und bahnt so das neue Verhalten vor. In der Vorbereitung des Rituals reflektiert der Therapeut das psychische Geschehen des Klienten nicht explizit mit ihm zusammen, sondern es wird auf den Inhalt des Rituals fokussiert. Der Klient soll unvoreingenommen die Kraft des Rituals erleben und danach erst wird das Geschehen besprochen.

Van der Hart (1983), Imber-Black, Roberts & Whiting (1993) verwenden den Charakter des rituellen Lebens einer Familie sowohl als Diagnoseinstrument für den Zustand des familiären Systems (z.B. kaum mehr gemeinsame Rituale oder sehr starre Rituale), als auch als direkten Ansatzpunkt für die Interventionsschritte (s. Teil IV, Leitfaden).

Zusammenfassend kann man sagen: Ein Ritual ist innerhalb der Familientherapie dann indiziert, wenn Menschen in einem psychischen Zustand steckengeblieben sind, wie beispielsweise Verlusterleben, Trauer, Festhalten an dysfunktionalen Strukturen. Das Ritual kann dann ein wichtiger Schritt im Prozess der *Bewußtmachung* sein und gleichzeitig den *Übergang* in eine neue Lebensphase darstellen, und es kann so selbst zum *Symbol der Veränderung* werden. Die Wirkung von Ritualen innerhalb der systemischen Familientherapie hat folgende Aspekte: Sie stellen die Symmetrie eines Systems wieder her, sie bestätigen ein Symptom, markieren das Verschwinden desselben und bestätigen und feiern die heilende Veränderung (Fallbeispiele für Familientherapeutische Rituale s. u.: Rituale in der Therapie mit Kindern).

Therapie mit natürlichen Gruppen

Eine andere Form der Systemtherapie mit Ritualen entwickelte H. Rappaport (1977), mit dem Ziel die therapeutischen Interventionen stärker an die Erfordernisse der modernen Gesellschaft anzupassen. In unserer und vor allem in der nordamerikanischen Gesellschaft ist die traditionelle Familie zunehmend von anderen Lebensformen, wie Wohngemeinschaften, Single-Haushalten, homosexuellen Paaren, etc. abgelöst worden. Hinzu kommen ständige Migrationsbewegungen, sowohl innerhalb eines Landes, als auch von einem Land, bzw. Kontinent zum anderen. In diesem Zusammenhang ist es oft nicht mehr möglich oder sinnvoll die Familie als systemische Einheit zu therapieren. Rappaport fordert daher, anstatt der Familie die wichtigsten Personen des natürlichen Umfelds – die "natural groups" (H. Rappaport, 1977, S. 181) – zusammen mit dem Klienten in die Behandlung mitaufzunehmen. Diese Form der Gruppentherapie zieht er auch der herkömmlichen Gruppe von sich fremden Menschen vor, weil die natürlichen Gruppen bereits ein System bilden. Durch seine Erfahrungen mit afrikanischen Heilmethoden (Ritualen) für psychosoziale Störungen in Tanzania erkannte er die Wichtigkeit der natürlichen Gruppe für den therapeutischen Prozess: "In almost any of the cultures where the shaman still plays a significant role, a *critical* part of the treatment involves public ceremony with the total kin group." (kin group = Großfamilie) (1977, S. 182) In vielen dieser Kulturen wird die natürliche Gruppe größtenteils aus Verwandten gebildet. Unabhängig davon, ob dies der Fall ist oder nicht (wie in unserer Gesellschaftsform) ist es die *natürliche* Gruppe, die entscheidend zur Heilung beitragen kann (Rappaport, 1977).

Hypnotherapie

Hypnosebehandlungen können nach Holroyd (in: Revenstorf, 1990) in zwei Klassen unterteilt werden: Erstens Formen, die standardisierte Suggestionen verwenden und zweitens Formen, die die Suggestionen individuell gestalten, wobei die letzteren - so Holroyd - insgesamt eine höhere Erfolgsquote aufweisen. Erickson bevorzugte stets das individuelle Vorgehen, bei dem er der Persönlichkeit des Klienten Rechnung trug. "Dies ist wichtig, weil sich Symptome immer aus *persönlichen* Gründen entwickeln" (Zeig, in: Revenstorf, 1990, S. 272). Zu den indirekten Vorgehensweisen der Hypnotherapie gehört auch die Verwendung von Symbolen oder symbolischen Ritualen. Die Symbole können dabei in verschiedenen Phasen der Therapie benutzt werden, in manchen Fällen rankt sich die ganze Therapie um ein zentrales Symbol herum (ebd., S. 277).

Es sollen nun zwei Beispiele zeigen, wie Rituale im Rahmen dieser (direktiven) Therapieform verschrieben werden:*[9]

Beispiel Suchtbehandlung: Zeig (ebd.) führt u.a. Studien von Kline (1970), Miller (1976) und Senders (1977) an, die einen Abstinenzerfolg von 68-88% (!) bei der

---

[9] Daß die Hypnotherapie per se Elemente des traditionellen Heilrituals (Trance und Suggestion) enthält, haben wir oben bereits ausgeführt.

Raucherentwöhnung mithilfe von individualisierten Suggestionsbehandlungen nachweisen, allerdings mit Katamnesezeiträumen von nur 1 Jahr. In der individuell zugeschnittenen Hypnosebehandlung von Suchtproblemen wird dem klinischen Ätiologie-Modell wenig Beachtung geschenkt. Vielmehr lautet der Ansatz des therapeutischen Vorgehens: "..wenn es eine Kunst ist, das Bedürfnis nach Zigaretten einzuschränken, dann ist es auch eine Kunst, dieses Bemühen therapeutisch zu fördern" (Zeig, in: Revenstorf, 1990, S. 272). Zeig nimmt bei Gewohnheitsproblemen, wie er das Rauchen bezeichnet, eine differenzierte Anamnese bezüglich der individuellen Ursachen vor. Bei der Diagnose ist für ihn die *Motivation, warum* ein Suchtverhalten gezeigt wird, von zentraler Bedeutung. Entsprechend sollte die Therapie angepasst werden, indem die Aspekte der Motivation in den Suggestionen aufgegriffen werden. Zeig beschreibt einen Fall, in dem er einer Klientin, die das Rauchen aufhören wollte, ein Ritual verschrieb: Das Erklimmen eines bekannten Berges in der Nähe wurde darin zu einem Symbol, das in Verbindung mit dem starken Wunsch, abstinent zu werden, bei der Klientin vielschichtige Bedeutungen und Konnotationen abrufen konnte (mögliche Assoziationen: die Kraft haben, eine schwierige Aufgabe zu meistern; über den Berg sein; nach dem Gipfel bergabwärts die Erleichterung spüren). In die symbolische Handlung der Bergbesteigung war ein weiteres zentrales Symbol der Klientin (Zigarettenfilter ihrer Mutter) und eine Suggestion bezüglich der Befreiung von der Sucht miteingebaut.

Beispiel Trauerbehandlung: Ein weiteres Beispiel für die Anwendung eines Rituals in der Hypnotherapie stammt von Milton Erickson (van der Hart, 1983): Eine depressive Frau, die über ihr verstorbenes Baby trauerte und selbstmordgefährdet war, wurde von Erickson beauftragt, einen (schnellwachsenden) Eukalyptusbaum zu pflanzen und ihm den Namen des Kindes zu geben. Erickson gab ihr auf, den Baum (Symbol des Lebens) wachsen zu sehen und darauf zu warten, bis sie in seinem Schatten sitzen könne.

Beispiel sexueller Mißbrauch: Liz Lorentz-Wallacher verwendet Rituale bei der Behandlung von früh traumatisierten (z.B. sexuell mißbrauchten) Klientinnen. Die Klientinnen bereiten sich auf das Ritual vor, indem sie ihren Alltag durchbrechen (z.B. durch Fasten oder Meditationen). Die Therapeutin vollzieht dann mit ihnen folgende Symbolhandlungen: In Trance wird die Trauer (oder andere starke Gefühle) auf einen schwarzen Stein übertragen. Das Gefühl 'fließt' in den Stein hinein. Dann wird der Stein feierlich beerdigt. In einer Nachbereitungsphase wird das Geschehnis dann gemeinsam verarbeitet.

Integrative Therapie

Als Beispiel für den Einsatz von Ritualen in der integrativen Therapie werden wir im folgenden die Arbeit von Canacakis (1987) vorstellen. Seine psychotherapeutische Arbeit mit Trauerritualen basiert auf dem griechischen Myrolojaritual:

> *"In ihrer Originalform stellen die Myroloja eine formalisierte und rituelle Klage dar, die den Verlauf und die Struktur des Trauerprozesses ordnet, das Verhalten und den Umgang der Teilnehmer untereinander ebenso wie die Beziehung zum Verstorbenen. In dieser rituellen Klage bleibt freier Raum für spontan entstehende Dichtung und für improvisierten Gesang" (S. 89).*

> *"Die rhytmischen Bewegungen des Körpers ordnen die Emotionen. Worte finden im Gedicht ihren Sinn, so daß der Geist offenbar werden kann. Die Seele findet ihren Ausdruck in der Melodie; die Katharsis erhält eine Form und braucht nicht zu zerfallen" (S. 136).*

Ebenso wie die Kunst für ihn ein "..ganzheitliches Ritual, in dem schöpferische Energien geordnet werden und zur Formbildung gelangen.." (S. 135) ist, so betrachtet er das alte Trauerritual seiner Heimat als eine "ganzheitliche" Kunst des Trauerns, "..die den ganzen Menschen 'heil' macht" (S. 136). Canacakis geht davon aus, daß der Mensch von Geburt an die Fähigkeit hat, zu trauern, daß dies aber in unserer heutigen, modernen Gesellschaft als störend empfunden und daher verleugnet und blockiert wird. Es paßt – so ist die weit verbreitete Meinung – einfach nicht mehr in unsere technisierte, schnellebige Gesellschaft. Für Canacakis ist Trauer aber eine "lebenswichtige" Periode des Übergangs, in der – wenn sie zugelassen wird – Reifung und Wachstum stattfinden. Unerledigte Trauer dagegen ist ein wichtiger Faktor bei der Frage, ob eine Krankheit positiv oder negativ verläuft und er vermutet, daß viele psychiatrische, psychologische und psychosomatische Störungen mit falsch abgelaufener Trauer in Zusammenhang stehen. Durch Verluste wird ein Mensch zu Änderung und Anpassung an neue Verhältnisse gezwungen. Gibt er dem Trauern und der Neuorientierung einen angemessenen Raum in seinem Leben, so hat er Gelegenheit, sich mit der Bedeutung des Verlustes auseinanderzusetzen und neue Fähigkeiten zu entwickeln. Erst dann findet konstruktive Veränderung statt. Nach Canacakis' Ansicht erhält der Trauerprozess durch das Ritual eine besondere Bedeutung: Er wird zum Weg, "..zu einem kreativen Tun, das durch die rituelle Einbindung Ordnung in das Chaos der Trauerkrise bringt, indem es Mittel der Formgebung zur Verfügung stellt" (S. 136).

Aus dem langjährigen Studium des traditionellen Myrolojarituals und seiner antiken Vorgänger, entwickelte Canacakis ein integrativ-kreatives Modell des Abschiednehmens, dem er den Namen Myrometherapie (= Trauertherapie) gab. Die Struktur des Modells wird von rituellen Handlungen getragen, die in ein Gesamtritual (meist Gruppentherapie von 3 - 10 Tagen) eingebunden sind. Dabei versteht er jede rituelle Handlung und jedes Ritual, aufgrund des schöpferischen Tuns mit kreativen Ausdrucksmitteln, jeweils als eine einmalige und eigenständige Improvisation. Daher integriert er in seinen tiefenpsychologisch fundierten Ansatz Elemente aus verschiedenen Therapiemethoden (z.B. Psychodrama, Gestalt, Kunsttherapie und integrative Bewegungstherapie). Er begründet sein Modell auf den verschiedenen Phasen des Trauerprozesses, die er gefunden hat. Darauf baut er einem strukturierten Ablauf auf, der sich entsprechend der Trauerphasen in sechs Stadien untergliedert, innerhalb der die Dramatisierung und Darstellung der psychischen Prozesse stattfindet – die Trauer wird also von innen nach außen verlagert und dadurch kommuniziert und transformiert.

Die Phasen des Trauerprozesses

Canacakis nennt die Trauerphasen Transzyklen, weil sie sich kreisförmig wiederholen, fließende Übergänge haben und schließlich einer Spirale ähneln, in welcher sich der Trauernde immer wieder auf und ab bewegt, bis er die Trauer verarbeitet und integriert hat.

1. Transzyklus "Bewußtmachung des inneren und äußeren Bewegtseins":
   In ihr öffnet sich der Trauernde für seine Krise und läßt in einer ersten Katharsis das ganze Spektrum ambivalenter Gefühle zu.
2. Transzyklus "Zeit der Inspiration und des kreativen Sprungs":
   Intensive Bilder aus der Vergangenheit steigen auf, Dialoge mit der verlorenen Person werden aufgenommen. Der Trauernde leidet manchmal unter Realitätsverlust, innerer Leere oder identifiziert sich mit dem Verlorenen. Die Gefühle und Phantasien suchen einen Ausdruck.
3. Transzyklus "Selbstregulierung durch die Dynamik des schöpferischen Tuns":
   Die Trauerenergie kann in schöpferische Formen einfließen. "Der Trauernde taucht in tiefere Ebenen seines Gefühls und seines Körpers und durchlebt Momente von 'Trance' und Extase" (Canacakis, 1987, S. 141 f).

4. Transzyklus "Stabilisierung und erneute Beziehung nach innen und außen":
   Ein seelisches Gleichgewicht stellt sich wieder ein, verbunden mit dem Annehmen des Geschehens und positiven Erinnerungen. Der Kontakt zur Außenwelt wird wieder aufgenommen und neue Lebensmöglichkeiten gesucht.
5. Transzyklus "Neuordnen, Neuanfangen, Neuorientieren":
   Das Alltägliche wird wieder gesucht, es tauchen Wünsche auf und Veränderungen werden geplant. Es kommen auch manchmal neue Trauereinbrüche, die aber ohne Angst durchlebt werden.

Die Zahl der Wiederholungen dieser Zyklen, hängt vom Grad der geglückten Verarbeitung, von Persönlichkeitsfaktoren und von der Bedeutung des Verlustes ab. Der Zeitraum variiert daher sehr stark: Innerhalb einer Stunde, eines Tages, eines Monats oder Jahres können mehrere solcher Trauerphasen oder nur einzelne Zyklen ablaufen.

Das strukturierte Interventionsmodell von Canacakis stellt ein Basiskonzept dar, welches für fortlaufende Gruppen und Einzeltherapie entsprechend modifiziert werden kann. Das Modell beinhaltet sechs Interventionsstadien, die jeweils in Unterstufen unterteilt werden können:

1. Stadium: Anfangs- und Vorbereitungsstufe
   In diesem Stadium geht es um das gegenseitige Kennenlernen, Kontaktaufnahme und das Vorstellen der eigenen Trauergeschichte. "Rituale des Verbundenseins, der Gemeinsamkeit, der Solidarisierung und des Kennenlernens" (S. 143), verbunden mit theoretischer Information zu Trauerarbeit in verschiedenen Kulturen.
2. Stadium: Stufe des Übens und Experimentierens
   Beweglichkeit, Atem, Stimme und die Sinne werden trainiert. Über Improvisationen mit verschiedenen kreativen Medien lernen die Klienten ihre Gefühlsvielfalt, ihre Bedürfnisse und Mängel, ihre Ressourcen und Defizite kennen. Die Rituale haben dabei das Ziel, Solidarität und Zusammenhalt zu fördern.
3. Stadium: Stufe der kreativen Expression und der Dramatisierung der Trauer
   "Das innere Trauerdrama wird nach außen geholt" (S. 144). Durch den symbolischen Ausdruck in Form von Musik, Malerei, Tanz, dramatischen Spielen, Gedichten u.v.m. wird die Trauerenergie ausgedrückt und gleichzeitig in kreative Energie umgewandelt. "Das Chaos des Trauerschmerzes kann unter

dem Schutz der Kunst zur Metamorphose gelangen" (S. 144). Aufgaben und Rituale zur Wiederaneignung der eigenen Zukunft werden durchgeführt.

4. Stadium: Stufe der Konfrontation und der Entscheidungen
Die Teilnehmer werden nochmals direkt mit dem Verlustschmerz konfrontiert, indem sie vor die Entscheidung des Abschieds und des Loslassens gestellt werden. Sie erfahren, daß sie für jede Entscheidung selbst die Verantwortung tragen müssen. Die nun folgenden 'großen' Abschiedsrituale werden mithilfe von probeweisen Übungen vorbereitet. Sind die Klienten bereit, stehen vielfältige Transformations- und anschließende Reinigungsriten zur Verfügung.

5. Stadium: Abschluß durch symbolische Handlungen
In dieser Stufe wird der akute Trauerprozess beendet und der Übergang zum Alltag eingeleitet. Wünsche und Bedürfnisse die nahe Zukunft betreffend werden formuliert und gemeinsam die Kräfte gesammelt. Am Ende tanzen die Teilnehmer in ritueller Form in die Zukunft.

6. Stadium: Stufe des Gedächtnis-Treffens und des Nachtrauerns
Das Treffen mit einem zeitlichen Abstand (ein paar Monate später) dient dazu Trauerreste zu verarbeiten und gegebenenfalls die Unterstützung aufzufrischen oder zu verlängern. Die eigenen Fortschritte werden bestätigt und eventuell mit einem Integrationsritual abgeschlossen.

Canacakis setzt also verschiedene Rituale und Ritualbausteine zusammen mit anderen Interventionstechniken zu einem Ganzen, einem großen Trauerritual zusammen.

Rituale in der Therapie mit Kindern

Rituale und das 'natürliche' Verhalten von Kindern

Rituale haben im Lebensalltag von Kindern eine große Bedeutung, weil sie den kindlichen Bedürfnissen nach Sicherheit, Strukturierung und Klarheit sehr entgegenkommen. Leider ist es im Rahmen dieses Buches unmöglich, einzelne Themen, wie 'Spiel und Ritual' oder 'Zugang zur Magie', erschöpfend zu behandeln. Sie sollen im folgenden nur angerissen werden, um aufzuzeigen, wie Rituale mit dem 'natürlichen' Denken und Handeln von Kindern verknüpft sind. Dann werden wir beschreiben, wie Rituale von den verschiedenen therapeutischen Schulen in der Arbeit mit Kindern eingesetzt werden (können).

11. Rituale in der Psychotherapie: Möglichkeiten und Grenzen

Kinder und ihr Zugang zur Magie

> *"Kinder sind kleine Kosmologen. Sie erfinden die Welt immer wieder neu..." (O'Connor & Hoorvitz, in: Imber-Black et al., 1993, S. 187).*

Unabhängig von ihrem kulturellen Umfeld tendieren Kinder zu animistischem und magischen Denken (Bergheim, 1980). Innerhalb unseres Kulturkreises werden (mindestens) vier Stufen der kindlichen kognitiven Entwicklung angenommen (Piaget & Inhelder, 1973)*[10]: Besonders auf der Stufe des *voroperativen* Denkens, also bis zum Alter von um die sieben Jahre, denken Kinder sehr stark synkretisch, animistisch und magisch: Sie glauben, wenn zwei Dinge gleichzeitig geschehen, dann stehen sie in kausallogischem Zusammenhang. Sie glauben auch, daß Gegenstände lebendig sind oder sein können. Und sie glauben, daß ihre Wünsche Tat(sach)en sind.

Kinder denken aber nicht *ausschließlich* so, wie der folgende Dialog mit einem dreieinhalbjährigen Jungen (L) beweist:

> M: *Wenn ich diesen Tisch schlage, glaubst Du er spürt das?*
> L: *Nein! (lacht)*
> M: *Warum nicht?*
> L: *Weil er nicht sprechen kann.*
> M: *Und wenn er sprechen könnte?*
> L: *'Aua', würde er sagen.*

Obwohl in der voroperativen Phase, fängt der Junge erst an, animistisch zu denken, wenn ihm Animismus suggeriert wird ("wenn er sprechen könnte", wäre der Tisch belebt).

Umgekehrt denken auch ältere Kinder und Erwachsene manchmal animistisch oder magisch:

> *"In Zeiten des Stresses und des Aufruhrs der Gefühle können Kinder jeden Alters und auch Erwachsene vorübergehend in voroperatives Denken zurückfallen oder darauf zurückgreifen" (O'Connor & Hoorvitz, in: Imber-Black et al., 1993, S. 187).*

Die voroperative Phase genügt also nicht ganz, um zu erklären, warum Kinder einen leichteren Zugang zur Magie haben als Erwachsene.

Der Unterschied zwischen Erwachsenen unseres Kulturkreises und Kindern im Bezug auf das Denken liegt vielleicht eher darin, daß (vor allem jüngere) Kinder

---

[10]Die sensumotorische, die voroperative, die konkret-operatorische und die formal-operatorische Stufe

weniger auf 'allgemeingültige', kausal-logische Erklärungen angewiesen sind, sondern noch eine große Offenheit für Analogien, Bilder und ihre eigenen subjektiven Erklärungen haben. Dies muß nicht nur an der *Fähigkeit*, auf eine bestimmte Art zu denken, liegen, sondern ist auch eine Frage der *Motivation*: Die meisten Kinder, auch ältere, haben *Spaß* am Spielen und 'Zaubern', selbst wenn sie die 'Tricks' durchschauen. Es macht ihnen Spaß, sich vorzustellen, ein Zauberer hätte einen Ball verschwinden lassen. An anderen Tagen oder in anderen Situationen macht es ihnen vielleicht keinen Spaß und dann sagen sie "Aaahh, das geht ja gar nicht!" und der Zauberer steht blöd da. Leontjew (1973) stellte fest, daß Kinder nicht einfach Phantasie *haben* und deswegen so gut spielen können, sondern daß sich die Phantasie immer dann *entwickelt*, wenn sie gebraucht wird (z.B. im Spiel). Ein Kind, das im Moment nicht mitspielt, erkennt in Bauklötzen partout keine Pferde. Wenn es ins Spiel miteinbezogen ist, wird ihm der Unterschied zwischen Bauklötzen und Pferden ganz plötzlich egal. Leontjew betont, daß Kinder, auch im Spiel die objektiven Bedeutungen von Gegenständen und Handlungen nicht vergessen. Sie 'halluzinieren' also nicht, vielmehr werden die objektiven Bedeutungen von der Phantasie überlagert und spielerisch–fließend der aktuellen Situation angepaßt.

Ontogenetische Entwicklung und Rituale

> *"Für jedes Entwicklungsalter ist ein gewisses Maß an ritualisierten Handlungen normal" (Signer-Fischer, in : Mrochen et al., 1993, S.170).*

Rituale sind ein wesentlicher Faktor in der sozialen Entwicklung des Menschen: Erikson (1966, vgl. Teil I) betont die Wichtigkeit der Rituale für eine gesunde sozial-emotionale Entwicklung: Er zeigt, daß sich alle wichtigen Entwicklungsschritte – vom Aufbau der notwendigen Mutter-Kind-Bindung bis hin zur Ablösung von den Eltern – durch ritualisiertes Verhalten vollziehen. McManus (1979, vgl. Teil II) sieht außerdem in Ritualen einen wichtigen Faktor in der sozial-kognitiven Entwicklung des Menschen, weil sie – zusammen mit den kognitiven Mechanismen Assimilation und Akkomodation – der Selbstregulation des Organismus dienen: Sie bilden eine Art Brücke zwischen notwendiger Anpassung an Neues und potentieller Desintegration der Psyche (resp. des kognitiven Systems), und stellen damit bei Störungen das kognitive Gleichgewicht wieder her.

Für Kinder ist diese Funktion von besonderer Bedeutung: Je jünger sie sind, desto unüberschaubarer bietet sich ihnen ihre Umwelt. Ihr kognitives System ist noch im Aufbau begriffen und ändert und differenziert sich ständig. Gleichzeitig wird es laufend von Neuem überrascht. Zusätzlich haben Kinder in vielen Bereichen noch einen eingeschränkten Handlungsspielraum, weil die Erwachsenen in ihrem Umfeld 'immer alles besser wissen' und ihnen mehr oder weniger sinnvolle Vorschriften machen dürfen. Um sich Ordnung zu verschaffen und ihr kognitives System vor der Desintegration zu schützen, müssen Kinder also besonders zu rituellem Verhalten neigen, wenn man davon ausgeht, daß Rituale eine solche Schutzfunktion innehaben. Tatsächlich entspricht das der Alltagserfahrung: Leidgeprüfte Eltern wissen zu berichten, was passiert, wenn sie ihrem zweijährigen Kind einmal keine Gute-Nacht-Geschichte vorlesen wollen, sondern stattdessen ein Lied singen. Je älter die Kinder sind und je stabiler ihre kognitive Struktur, desto flexibler können sie handeln. Die Bedeutung von Ritualen für die Erhaltung der kognitiven Strukturen wird dann geringer. Sie bleiben aber trotzdem ein wichtiges Element für die soziale Entwicklung, denn erstens gibt es Erschütterungen, die auch erwachsene Menschen nur schwer aushalten können (z.B. Krankheit, Tod) und zweitens übernehmen Rituale auch Funktionen für die Weiterentwicklung des Erwachsenen (vgl. Teil I).

Heile, heile Segen ...– Magisches Heilen im kindlichen Alltag

Kinder (und ihre Eltern) nutzen ihr magisches Denken und ihre ritualbildende Fähigkeit auch spontan zur Beseitigung von Schmerz und zur 'Heilung' kleinerer Verletzungen. Es werden dabei kleine Rituale und andere hypnotische Techniken angewendet: z.B. 'Wegpusten' einer Wunde, Aufsagen eines magischen Spruchs, drei bis zehn Mal um sich selbst drehen, Fenster öffnen und den Schmerz 'hinausfliegen lassen.
Ein kleines Kind, das sich das Knie aufgeschürft hat und weinend zur Mutter läuft, um sie zu bitten 'das Aua fortzupusten', weiß zwar bestimmt, daß die Wunde nachher noch da ist – es sieht sie ja deutlich. Es weiß auch, daß die Mutter nichts 'wirklich' wegpustet. Aber es *will*, daß der Schmerz aufhört, läßt sich gerne ablenken und dadurch stellt sich meist sehr schnell der gewünschte Erfolg ein.

Rituale und die Bewältigung von Angst

Auch im alltäglichen Umgang mit ihren Ängsten wenden Kinder unter anderem Magie und Rituale an. Allgemein haben Kinder im Rahmen *ihrer* Möglichkeiten vielfältige Mechanismen entwickelt, um mit ihren Ängsten fertigzuwerden. Schaeppi-Freuler (1975) nennt:

- Reflexe (Schreck-, Greifreflexe, Weinen);

11. Rituale in der Psychotherapie: Möglichkeiten und Grenzen

- Anlehnungs- und Meidungsverhalten (Kind-Eltern-Bindung/Attachment, körperliche Abwendung von der Angst-quelle, Weglaufen, Anklammern);
- Autoerotischer Rückzug (Schaukelbewegungen, Daumenlutschen), Ersatzbedürfnisse und -objekte (Süssigkeiten, Stofftiere);
- Phobie- und Symptombildung (Tierphobien, Bauchweh, Kratzen, Unfälle);
- Sprache (Rufen, Selbstgespräche);
- Rituale.

Kindliche Rituale sind nach Schaeppi-Freuler

"...eine Art kindlicher Machtentfaltung. Das Kind macht sich darin Umstände, Menschen, Dinge verfügbar, zieht Sicherheit aus dem selbst bewirkten stets gleichen Ablauf, bannt Angst" (S. 215).

In Teil II haben wir bereits ausgeführt, wie Rituale auf kognitiver und physiologischer Ebene angstreduzierend wirken. Die populärsten, weil weitverbreiteten Beispiele eines angstvertreibenden Rituals, sind die Einschlafrituale. Da Schlaf und Dunkelheit potentiell bedrohliche Situationen sind (Hilflosigkeit, Alleinsein, Nichts-Sehen-Können, Träume), überfallen viele Kinder beim Einschlafen, abhängig von ihrer jeweiligen Entwicklungsphase, eine Reihe von Ängsten: Trennungs-, Verlassenheits- und Dunkelängste, Angst vor Geistern und Hexen, vor schlechten Träumen, Dieben, Feuer, usw. Zur Überwindung dieser Ängste werden in nahezu jeder Familie spontan bestimmte Rituale des Schlafengehens erfunden (Geschichten erzählen, Lieder singen, Gebete sprechen, küssen, streicheln, Teddy im Arm halten), die den Übergang zum Schlaf erleichtern. Therapeuten fast aller Schulen verschreiben diese Einschlafrituale, wenn sie mit Kindern arbeiten, die nicht ein- oder durchschlafen können. Richman (1985) beschreibt zum Beispiel die Anwendung eines Einschlafrituals in Kombination mit einer verhaltenstherapeutischen Intervention bei 35 Kindern mit Schlafstörungen: Zusammen mit einer Änderung der Verstärkermechanismen (positive Verstärkung für problemloses Einschlafen, Wegnahme der positiven Verstärkung für das Wachbleiben) und Shaping wurde ein Zubettgehritual individuell auf die Familien zugeschnitten. Die Effektivität dieser kombinierten Methode betrug 70°%.

Spiel und Ritual

"Die großen ursprünglichen Betätigungen des menschlichen Zusammenlebens sind alle bereits vom Spiel durchwoben" (Huizinga, 1958, S. 12).

11. Rituale in der Psychotherapie: Möglichkeiten und Grenzen

Nach Huizinga (1958) sind Spiel und Ritual beim Menschen aus ein und demselben Grund entstanden.

> *"Die noch nicht zum Ausdruck gekommene Erfahrung von Natur und Leben manifestiert sich im archaischen Menschen als eine 'Ergriffenheit'. 'Das Gestalten steigt im Volke wie im Kinde, wie in jedem schöpferischen Menschen aus der Ergriffenheit auf'. Die Menschheit wird ergriffen von der Offenbarung des Schicksals...". Im Ritual spielt "die Menschheit [...] die Ordnung der Natur so, wie sie sich ihrer bewußt geworden ist. [...] In und durch dieses Spielen verwirklicht sie die dargestellten Ereignisse von neuem und hilft die Weltordnung instand halten"* (S. 23).

Das Spielen von Kindern ist vergleichbar mit Ritualen, wenn es auch nicht dasselbe ist. Kinder spielen auch aus "Ergriffenheit" und, um sich ihre Umwelt anzueignen. Sie nehmen ihr Umfeld wahr, sehen die Erwachsenen darin handeln und wollen das selbst auch tun. In Symbol- oder Regelspielen (Piaget, 1975) werden, wie im Ritual, besondere (geweihte) Räume abgesteckt, Zeitdimensionen verändert, Rollen übernommen, Symbole verwendet und erklärende Geschichten (Mythen) darumgewoben. Objekte werden im Spiel genauso verwendet wie im Ritual: die objektive Bedeutung tritt zugunsten des aktuellen (persönlichen) Sinns zurück, ohne daß sie jedoch verlorengeht (Leontjew, 1973), d.h. wenn es notwendig wird, ersetzen Kinder reale Objekte (z.B. Messer) durch Symbole (z.B. Stöckchen).

Wenn Kinder in Gruppen spielen, entwickeln sie darüberhinaus eigene Traditionen (selbst erfundene Kollektivspiele), die zum Teil weitergegeben werden und die sogenannte 'Kinderkultur' (Ulich, 1985) mitbestimmen. Die traditionellen Kinderspiele (Gummihüpfen, Verstecken, Fangen, Reime, Spiellieder) bestehen zum einen aus festen Regeln, zum anderen bieten sie in der individuellen Ausgestaltung Raum für freies Improvisieren.

Besonders die Kreis- und Tanzspiele sind stark ritualisierte Spielsequenzen, "...mit stilisierten Bewegungen und Sprechweisen und gleichförmigen Wiederholungen. Kennzeichnend ist die rhythmische Gliederung des Spiels..." (Ulich, 1985, S. 737). Ulich weist darauf hin, daß diese ritualisierten Spiele einen hohen sozialintegrativen Wert haben: Sie bieten "aufgrund ihrer Spielstruktur eine wohl einzigartige Kombination von Ordnung [...] und Freiraum", denn "Handlungsabfolge, Interaktion zwischen den Mitspielern, Rollenaufteilung [...] folgen bestimmten situationsunabhängigen Spielregeln" (S. 741). Kinder können schon ins Spiel eintreten, bevor sie die Regeln kennen und diese dann nach und nach lernen. Die Kinder müssen sich nicht unbedingt bewußt für das Spiel entscheiden. "Mitmachen kann jeder, Hauptakteure ebenso wie Claqueure" (S. 741). Die "Möglichkeit des allmählichen, halb-bewußten Einstiegs kann vor allem bei kontaktgehemmten Kinder Hemmschwellen abbauen helfen" (S. 737).

Verwendung von Ritualen in den verschiedenen Therapieschulen[11]:
Beispiele aus der Familientherapie, der Hypnotherapie, und der integrativen Therapie

Die therapeutische Arbeit mit Kindern zeichnet sich durch folgende Besonderheiten aus:

- Kinder werden in den allermeisten Fällen in die Praxis *gebracht*. Und wenn sie gebracht werden, so haben sie meist Probleme mit ihrer Familie ganz "...gleich, ob das Problem mit Angst, Zwangsvorstellungen oder mit Schmerz zu tun hat..." (O'Connor & Hoorwitz in: Imber-Black et al., 1993, S. 191). Immer hat auch die Familie ein Problem mit dem Problem des Kindes und das Kind hat zusätzlich sein eigenes Problem mit dem Problem.

- TherapeutInnen gehören außerdem erst einmal nicht der Welt des Kindes an. Sie sind Erwachsene und für das Kind eine fremde, mächtige, (angsteinflößende) Person. Sie müssen sich bemühen, in die Welt des Kindes einzutreten, um es zur Mitarbeit zu motivieren und ihm die Angst zu nehmen. Wenn sich ein Kind einmal an eine Therapeutin oder einen Therapeuten gewöhnt hat, kann es am Ende der Therapie wiederum besonders schwierig werden sich zu trennen.

- Für Kinder gelten andere zeitliche Dimensionen als für Erwachsene, denn alle ihre Fähigkeiten (und Störungen) befinden sich in der Entwicklung. Ein Monat ist für ein Kleinkind, ein Schulkind und einen Erwachsenen eine unterschiedlich lange Zeit.

Ähnlich wie das Spiel eignen sich Rituale aufgrund ihrer Struktur besonders gut für die therapeutische Arbeit mit Kindern, sowohl in der Individual- als auch der Gruppentherapie, und können im Rahmen des jeweiligen theoretischen Ansatzes wohl in

---

[11] Die meisten Erwachsenen wissen entweder durch ihre Ausbildung oder intuitiv, daß mit Kindern leichter umzugehen ist, wenn sie einen festen Rahmen und (wenigstens die allernotwendigsten) Regeln haben. Daher ist die Arbeit mit Kindern immer ein wenig ritualisiert, sei es in der Schule, im Kindergarten oder in der Psychotherapie. Um der Uferlosigkeit vorzubeugen, möchten wir hier aber nur die *explizite* Anwendung von Ritualen berücksichtigen, das heißt, wenn TherapeutInnen in der Therapie Rituale unter Verwendung genau dieses Begriffes einsetzen.

11. Rituale in der Psychotherapie: Möglichkeiten und Grenzen

jeder Therapieschule verwendet werden (im Gegensatz zur Erwachsenentherapie). Hier wollen wir nun einige konkrete Beispiele für die Arbeit mit Ritualen in der Kindertherapie anführen.

Familientherapie

Wie wir bereits im Abschnitt über die Anwendung von Ritualen in der Therapie mit Erwachsenen ausführten, setzt die Familientherapie Rituale allgemein zur Behandlung der den jeweiligen Störungen zugrundeliegenden oder sich aus ihr ergebenden Familienproblematik ein. Es finden sich Publikationen zur Arbeit mit Ritualen bei Anorexie, Bulimie, Einschlaf- und Schlafstörungen, Angst und Zwang, Trauer, Trennung und in der Betreuung unheilbar kranker Kinder.

- Der 'Casanti'- Fall (Selvini–Palazzoli, et al., 1974) ist die Therapie eines vierzehnjährigen Mädchens, in dessen anorektischem Symptom sich die Familienproblematik dreier Generationen manifestiert hatte. Palazzoli benutzte das Ritual, um den krankmachenden bzw. tödlichen Mythos der (Groß-)Familie zu zerstören. Die Nuklearfamilie des anorektischen Kindes mußte jeden Abend nach dem Essen eine Gesprächsrunde abhalten. Jedes Familienmitglied bekam fünfzehn Minuten Zeit, um zu sagen, was immer es zu sagen hatte. Keiner der anderen durfte es unterbrechen oder ihm widersprechen. Die Gespräche durften nur im dafür vorgesehenen Zeitraum nach dem Abendessen erfolgen, und niemals außerhalb dieses Rahmens fortgesetzt werden. Mit dem Ritual wurde die Nuklearfamilie definiert und stabilisiert und vom Rest der Großfamilie abgegrenzt. Nora, das anorektische Kind, wurde als vollständiges Familienmitglied rehabilitiert und die Beziehung zu ihrer Schwester gefördert. Geheime Koalitionen wurden unterbrochen und die Familienmitglieder zum Aussprechen ihrer Probleme gezwungen.
- Der Fall 'Marella' (Selvini–Palazzoli beschr. in: van der Hart, 1985): Die zweieinhalbjährige Marella zeigte Störungen im Eßverhalten, als sie einen kleinen Bruder bekommen hatte. Der Bruder litt von Geburt an einer unheilbaren Krankheit und die Eltern hatten beschlossen Marella nichts von seiner Existenz zu verraten. Sie besuchten ihn heimlich im Krankenhaus. Als das Baby starb, und die Eltern nicht mehr ins Krankenhaus gingen, aß Marella noch weniger. Palazzoli verschrieb der Familie ein Beerdigungsritual: Der Vater mußte dem Mädchen erklären was passiert war, danach beerdigte die Familie einige Kleider des Babys im Garten ihres Hauses und pflanzte ein Bäumchen an die Stelle.

11. Rituale in der Psychotherapie: Möglichkeiten und Grenzen

Irene Gutheil (1993) beschreibt die Rolle, die Rituale als Ablösungshilfe bei der Beendigung einer Gruppentherapie mit Kindern einnehmen können.

- Abschied in einer Gruppentherapie mit Scheidungskindern: Die Gruppe bestand aus Kindern im Grundschulalter, die in der Therapie die Scheidung ihrer Eltern bewältigten. Schon während der Therapie fertigten sie alle zusammen aus Papier eine Zeitlinie an. Darauf klebten sie Bilder zu wichtigen Ereignissen in ihrem Leben und den Vorgängen in der Gruppe und schrieben kurze Passagen dazu. Am Ende der Therapie benutzten sie ihre Zeitlinie zu einem gemeinsamen Rückblick. Alle sprachen über ihre Erfahrungen in und außerhalb der Gruppe, während der Zeit, in der sie in der Therapie waren und darüber, was sie gemeinsam unternommen und erlebt hatten.

Weitere Anwendungsbeispiele finden sich in O'Connor (1984) und O'Connor und Hoorviz (in: Imber-Black, et al., 1993).

Hypnotherapie

Rituale enthalten hypnotische Aspekte (symbolische Bedeutungen, Arbeit mit indirekten Suggestionen, Arbeit mit dem Unbewußten, Arbeit mit Trance). "Regelmäßig ausgeführte Symbolhandlungen vermitteln das Gefühl, Kontrolle in einem bestimmten Lebensraum zu besitzen" (Signer-Fischer, in: Mrochen et al., 1993, S. 165). Aufgrund dieser Eigenschaften setzt Signer-Fischer neben anderen hypnotischen Techniken die Rituale zur Behandlung von Zwängen und Schlafstörungen ein.

Für die Behandlung von Zwängen beschreibt sie drei Zugänge: *Stärkung der Selbstsicherheit, Beachten der Funktion der Zwangshandlungen für das Kind oder die Familie, Kontrolle des Zwangs*. Sie kombiniert die verschiedenen Zugänge je nach Problemlage und arbeitet dabei unter anderem mit Abschieds-, Einschlaf- und Übergangsritualen. Eine besondere Art der Anwendung der Rituale liegt in der *Utilisation* der Struktur und Eigenschaften *des zwanghaften Verhaltens* bei Eintritt in die Therapie, indem der Zwang durch ein Ritual ersetzt wird. Rituale enthalten die Elemente Kontrolle, Ordnung, symbolische Bedeutung und magische Anteile und sind hierin dem Zwang ähnlich. Sie verfügen aber über den Vorteil, daß die Kontrolle nicht nur gesucht, sondern auch tatsächlich erlebt wird, während der Zwang sich durch unkontrollierbares Getriebensein auszeichnet. "Wird ein Zwang durch einen Ritus ersetzt, so können die Eigenschaften und Funktionen beibehalten werden, und es wird wieder mehr echte Kontrolle gewonnen" (Signer-Fischer, S.185). Allerdings muß das Ritual, wenn es den Zwang ersetzen soll, *mehr* Kraft

11. Rituale in der Psychotherapie: Möglichkeiten und Grenzen 119

haben. "Diese Kraft kann in der symbolischen oder magischen Bedeutung oder in ihrer Ordnungsfunktion liegen" (ebd.).

- Fallbeispiel Paul: Paul, 6 Jahre, litt unter dem Zwangsgedanken, daß das Auto seiner Familie oder seine Spielzeugautos eine Beule bekommen könnten. Zur Stärkung seiner Selbstsicherheit wurden ihm Geschichten erzählt. Außerdem erarbeitete die Therapeutin mit der Familie ein Gute-Nacht-Ritual, als Ersatz für den Zwang: "P. parkt alle seine Spielzeugautos in der Garage, schiebt diese zwischen Kasten und Nachttisch, damit die Garagentüre nicht geöffnet werden kann und die Autos vor Beulen sicher sein können. Darauf erzählen ihm die Eltern eine Geschichte. Dann betet er und denkt sich beim Einschlafen zum Beispiel eine Geschichte von Knight Rider aus" (Signer-Fischer, S. 177). Die Eltern ersannen außerdem ein Familienritual für den bevorstehenden Schuleintritt des Kindes: "Die Mutter legt am Vorabend des Schuleintritts die Erster-Schultag-Kleider zurecht...Am Abend gibt es P.s Leibspeise, und der Vater hält beim Essen eine kleine Rede, daß P. nun ein Schulkind sei" (ebd.).

Integrative Therapie:

Die "Integrative Therapie" (Ramin & Petzold, 1987, S. 359) arbeitet, wie auch die Familientherapie, mit Abschiedsritualen zur Bewältigung von Trauer (z.B. wenn jemand in der Familie gestorben ist oder beim Abschied von der Therapie). Die Integrative Therapie setzt sich aus Elementen der Psychodrama- und Gestalttherapie und der Psychoanalyse (Balint) zusammen. Entsprechend sieht sie als Vorraussetzung für die Verarbeitung von Trauer ein starkes Ich bzw. eine abgeschlossene Ich-Entwicklung. Da diese bei Kindern nicht gegeben ist, besonders dann nicht, wenn sie wechselnde Bezugspersonen hatten, sehen Petzold & Ramin (1987) eine wesentliche Funktion der Therapie darin, "...die *archaischen Vorformen des Trauerprozesses* zu stützen, ihn altersentsprechend zu entwickeln..." (S. 400). Dafür sind Geschichten, das Malen und kleine Rituale geeignet.

- Fallbeispiel 'Schokoküsse': Der Abschied aus der Therapie eines Heimkindes im Vorschulalter wurde in Gesprächen vorbereitet, so daß ein Teil der Trauer dem eigentlichen Abschied vorweggenommen werden konnte. Das Therapieende markierte ein selbstausgewähltes Schokokußessen, zu dem das Kind eine Erzieherin und den Therapeuten einlud.

IV. Leitfaden für die Konstruktion von therapeutischen Ritualen

"The design requires much creative effort of the therapist – often a 'stroke of genius'"

(Selvini-Palazzoli, 1974)

12. Indikation und Kontraindikation

Rituale sind immer dann indiziert, wenn Menschen Übergänge zu bewältigen haben oder wenn Abschied und Trennung das Thema sind (z.B. Kind kommt in die Schule, Umzug, Ehescheidung, Einsamkeit und Depression nach Verlassen des Elternhauses, Schulprobleme in der Jugend, Tod eines Familienmitglieds, unheilbare Krankheit; vgl. van der Hart, 1983).

Trennungen sind nicht nur im Sinne von Abschied nehmen von bestimmten *Personen* zu verstehen, sondern es ist oft erforderlich, daß KlientInnen sich von *traumatischen Erlebnissen* (z.B. Vergewaltigung, Mißbrauch, Mißhandlung) und dem damit verbundenen *Schmerz* lösen. Canacakis (1987) sieht außerdem die Indikation von Trauerritualtherapie bei Verlusten, wie "Verlust von Heimat, von Naturgefühl, von Gesundheit, von körperlicher Unversehrtheit, von berechtigten Hoffnungen, von materiellen Dingen, von der Arbeit, von ungeborenen Kindern, von Illusionen, von ausgebliebenen Erfolgen, von fehlgeschlagener Karriere, Abschied von unerfüllten Erwartungen, Trauer um eine nicht bestandene Prüfung, Abschied von ungelebtem und unerfülltem Leben..." (ebd. S. 146).

Auch wenn Beziehungen von Klienten instabil sind, oder sich in einem Symptom eine Familienproblematik äußert, sind Rituale indiziert (z.B. wenn ein Ehepaar zerstritten oder eine Eltern-Kind-Beziehung gestört ist). In solchen Fällen zeigt sich die jeweilige Problematik meist unter anderem in den bereits bestehenden Paar- oder Familienritualen (bzw.- traditionen), so daß die Rituale einer Familie selbst als symptomatisch betrachtet werden können und als Anknüpfungspunkt für die Behandlung dienen.

Rituale eignen sich – wie das Spiel – sehr gut für die therapeutische Arbeit mit Kindern, besonders wenn die kleinen Klienten ängstlich oder kontaktgehemmt sind, und besonders für Kindergruppentherapie.

Auch zur Bestimmung des (weiteren) Verlaufs der Therapie und zur Motivierung von KlientInnen können Rituale eingesetzt werden, als: Einstiegsrituale, Gruppenrituale, Rituale bei stagnierender Therapie, Abschlußrituale.

Rituale können auch kontraindiziert sein: Zum Beispiel dann, wenn KlientInnen in ihrer Biographie negative Erfahrungen mit Ritualen gemacht haben (religiöser Übereifer in der Familie, Satanskultopfer). Selbst wenn die Klienten sich nicht von vorneherein weigern, könnten die Rituale in ihrem Verlauf stark negative Gefühle und Widerstände bis zum Vertrauensbruch nach sich ziehen. Joyce Mills (1994) schrieb uns auf Anfrage, daß auch bei fanatisch gläubigen Menschen vorsichtig mit Ritualen umgegangen werden muß. Die Therapeutin versucht in solchen Fällen, besonders sensibel vorzugehen und sich in die Welt des Klienten hineinzubegeben, um das Mißtrauen in Vertrauen umzuwandeln.

Nach Canacakis (1987) sollten Trauerrituale nicht verwendet werden, "a) wenn Trauer zu einem aktuellen psychotischen Zustand geführt hat und der Patient die Situation nicht wahrhaben kann, b) wenn eine Trauerreaktion zum Selbstmordversuch geführt hat und der Patient sich in einer Krise befindet, und c) wenn der Verlust neu ist (ein bis zehn Tage) und die Trauerreaktion Überflutungscharakter annimmt" (S. 147).

Klienten, die chronisch in der sogenannten Verleugnungsphase des Trauerprozesses feststecken "...vermeiden die Empfindung und Äußerung von Emotionen im Zusammenhang mit traumatischen Ereignissen und zeigen oft phobische Reaktionen und körperliche Beschwerden" (Dormaar, in : van der Hart, 1982). Bei ihnen sind Techniken der Desensibilisierung (bei denen die Klienten praktisch gezwungen sind, die Konfrontation mit den ungeliebten, angstauslösenden Gefühlen auszuhalten, bis sie nachlassen) eventuell eher angebracht (Ramsay, 1979; Dormaar, in: van der Hart, 1982). Klienten, deren Verlusterlebnis nur kurze Zeit zurückliegt (Fall c), bzw. die in einer akuten Krise stecken, sind meist nicht wirklich offen für ein Abschiedsritual. Sie brauchen Zeit, und auch die Möglichkeit zur zeitweiligen Verleugnung des traumatischen Ereignisses, bis sie einigermaßen stabil sind.

Rituale sind auch kontraindiziert, wenn Klienten aufgrund ihrer persönlichen Einstellungen nicht offen oder empfänglich für rituelle Handlungen sind. Dramatisch ausgestaltete Rituale sind für sie im Grunde ein Hokuspokus ohne Inhalt und Wirkung. Für diese Klienten und Klientinnen wird ein Ritual wohl nicht erfolgreich durchgeführt werden können, da zu erwarten ist, daß sie das Geschehen (evtl. auch ohne es zu wollen) boykottieren.

13. Die Konstruktion von Ritualen für die Therapie – ein Leitfaden

Soll sich ein Therapeut bei der Integration von Ritualen in die Therapie nur auf seine Intuition und spontanen Einfälle verlassen oder gibt es bestimmte Anhaltspunkte, auf die er sich bei der praktischen Anwendung stützen kann? Feste Rezepte für das Gelingen eines Rituals gibt es narürlich nicht, aber man kann aus der Literatur immerhin Richtlinien herauslesen, die es dem professionellen Anwender

13. Die Konstruktion von Ritualen für die Therapie - ein Leitfaden

erleichtern, sich in das Gebiet der Rituale als Interventionsmethode einzuarbeiten. Im folgenden stellen wir einen Leitfaden für die Konstruktion von Ritualen vor. Die Basis hierfür bilden die Richtlinien van der Harts (1983).

Auswahl des passenden Rituals:

Es gibt mindestens zwei Möglichkeiten Rituale durchzuführen: Zum einen auf die Art, wie sie in der Familien- und Systemtherapie angewendet wird, also mit Schwerpunkt auf der Symbolik und *ohne* die zusätzliche Induktion von Trance, oder zum anderen – je nach Fähigkeit oder Ausbildung des Therapeuten – auf die Art, wie sie in traditionellen Heilritualen und der Hypnotherapie angewendet werden, *mit* Tranceinduktion (z.B. Trommel-Tanz-Rituale oder Rituale in hypnotischer Trance). Hieraus ergeben sich drei Ritualtypen, die wir a) *symbolisch/systemtherapeutische Rituale*, b) *symbolisch/systemtherapeutische Tranceriruale* und c) *Tranceriruale* nennen wollen (vgl. Abb. 5).

Entsprechend der Problematik (Übergang oder Kontinuitität) müssen verschiedene Rituale konstruiert werden: Probleme mit Übergängen können an drei Punkten auftreten: In der Trennungsphase, in der Schwellenphase oder in der Rückführungsphase (vgl. van Gennep, I. Teil). Die erste Aufgabe des Therapeuten ist es, das Problem genau daraufhin zu analysieren, in welcher Phase der Klient möglicherweise steckengeblieben ist. Ist das Problem ein nicht bewältigter Abschied, so sind *Trennungsrituale* indiziert, die zum Ziel haben, die Interaktionshäufigkeit der Betroffenen zu reduzieren (van der Hart, 1983). Geht es um einen Übergang, so werden *Schwellenrituale* angewendet und bei einer Wiedereingliederungsproblematik sind *Rückführungsrituale* erforderlich. Diese drei Ritualtypen unterscheiden sich vor allem durch die verwendeten Symbole und Symbolhandlungen (vgl. konkrete Durchführung). Bei *genau umschriebenen* Übergangskrisen in Familien empfiehlt van der Hart (1983) eher *kompakte Übergangsrituale* zu verwenden, die nicht auf den drei Phasen van Genneps aufbauen müssen.

Bei einer Kontinuitätsproblematik werden Rituale ausgesucht, die stabilisierend auf das betroffene System wirken; entweder *"telectic rites"* oder *"intensification rites"* (van der Hart, 1983; vgl. Teil I).

13. Die Konstruktion von Ritualen für die Therapie - ein Leitfaden

I. Ebene:

| Symbolisch–systemtherapeutisches Ritual | Symbolisch–systemtherapeutisches Tranceritual | Tranceritual |

II. und III. Ebene:

| Übergangsritual Trennungs–/Schwellen–/Reintegrationsriten/ kompakte Übergangsrituale | Kontinuitätsritual Telectic–/Intensification rites | Sonstiges Ritual? |

Abb.5: Einteilung therapeutischer Rituale in verschiedene Typen

Allgemeiner Wegweiser durch den Dschungel der Möglichkeiten:

Der richtige Zeitpunkt:

Rituale werden im allgemeinen nicht gleich in der ersten Sitzung vorgeschlagen. In vielen Fällen sind sie erst die Vollendung oder Abrundung der therapeutischen Arbeit, die vorher geleistet wurde (van der Hart, 1983). Rituale können aber auch die Vorbereitungsphase unterstützen oder die Therapie an- bzw. weitertreiben. Dem Therapeuten muß in jedem Fall klar sein, in welcher Phase des Therapieprozesses er sich mit dem Klienten befindet und zu welchem Zeitpunkt das Ritual sinnvollerweise stattfinden sollte.

Motiviation des Klienten:

Van der Hart schlägt für die Motivation von Klienten drei Wege vor:
Erstens kann der Therapeut erzählen, wie die Probleme des Klienten früher gelöst worden wären, oder wie sie durch Rituale heute noch in anderen (Sub-)Kulturen gelöst werden. Dazu kann man dem Klienten Materialien aushändigen, die solche Rituale beschreiben (z.B. ein Buch über griechische Trauerrituale, vgl. Canacakis, 1987). Zweitens ist es, wie immer, ratsam, die Ressourcen des Klienten zu nutzen: die Kultur und die Symbole aus der Umwelt des Klienten aufzugreifen,

Modifikationsvorschläge der Klienten mit ins Ritual aufzunehmen, ideosynkratische Symbole zu verwenden und das Symptom selbst als karikiertes Ritual umzudeuten (z.B. Anorexie als extremes Fasten darstellen). Drittens kann das Repräsentationssystem, das der Klienten am höchsten bewertet, utilisiert werden, einerseits, um ihn zu motivieren und andererseits, um das Ritual in seinen Grundzügen daran zu orientieren. Erkennt der Therapeut z.B. an der Wortwahl des Klienten, daß er visuelle Repräsentation bevorzugt, so wird er vorwiegend Bildsymbole und Metaphern verwenden.

Auswahl der Symbolik:

Der Therapeut nutzt möglichst die *ideosynkratischen Symbole* des Klienten, d.h. die Symbole, auf die der Klient besonders anspricht (z.B. Eheringe, Briefe, Lieblingspuppe, Blumen, Kerzen, Steine) Unter diesen Symbolen gibt es *Schlüsselsymbole* (van der Hart, 1983), die sehr starke Emotionen hervorrufen und die verschiedene Situationskontexte repräsentieren. Der Therapeut sucht die Symbole aus, von denen er glaubt, daß sie wirksam ein angestrebtes Reaktionsmuster (z.B. Trennungsschmerz, Verlustangst, Trost, Hoffnung) hervorrufen. Passende Symbole können auf verschiedenen Wegen gefunden werden:

- über die Wortwahl des Klienten (z.B. wenn ein Klient davon spricht, seine Tochter mit Samthandschuhen anzufassen, dann können samtene Handschuhe als Symbol im Ritual verwendet werden);
- über die Beobachtungen des Therapeuten, der ein zentrales Thema in ein Symbol übersetzt, so daß es der Klient besser verstehen und annehmen kann;
- über den Klienten, der z.B. mittels einer Imaginationsübung oder als Hausaufgabe ein Symbol finden oder eventuell selber herstellen kann (Whiting in: Imber-Black et al., 1993).

Für die Durchführung des Rituals müssen folgende Charakteristika von Ritualen beachtet werden:

Multidimensionalität:

Effektive Rituale bestehen aus zahlreichen sensorischen Reizen und verschiedenen Handlungen (vgl. Teil II). Die wichtigsten Ritualakte sollten im bevorzugten Repräsentationssystem des Klienten stattfinden (z.B. bei visueller Präferenz ein Photo verbrennen). Für die übrigen sollten andere Dimensionen einbezogen werden (z.B. singen und Musik machen). So wird die Erfahrung reichhaltiger, eindrücklicher, voller und auch unbewußte Erfahrungen werden angeregt. Außerdem ist die kreative und spielerische Ausgestaltung wichtig, weil sie Spaß macht und dadurch potentielle Widerstände umgangen werden.

Komplexität:

Eine hohe Komplexität verstärkt die Wirksamkeit von Ritualen. Um sie zu steigern verwendet man mehrere Symbole, die jeweils verschiedene und eventuell ambivalente Bedeutungen haben. Außerdem können mehrere Handlungen kombiniert werden, die wiederum auf verschiedenen symbolischen Ebenen fortschreiten (z.B. Abschiedsbrief schreiben, diesen zusammen mit weiteren Symbolen verbrennen und später die Asche ins Meer streuen).

Vollständigkeit:

Der Therapeut achtet darauf, daß der Klient das Ritual *innerlich und äußerlich zu Ende führt*. Er supervidiert das Ritual und kann es gegebenenfalls auch selbst leiten.

Geschlossene und offene Teile:

Ein Ritual ist so zu konstruieren, daß "..sowohl Raum für Improvisation und Spontaneität (offen), als auch für Spezifität (geschlossen) bleibt.." (Whiting, in: Imber-Black, et al. 1993, S. 124). Die geschlossenen Teile stellen sicher, daß alle essentiellen Bedeutungselemente im Ritual enthalten sind. Sie sind vorgegeben, eventuell formalisiert, dürfen aber keine leeren Gesten sein, sondern müssen den Klienten innerlich berühren. Dies läßt sich mit denselben Mitteln erreichen, die auch bei der Symbolwahl verwendet werden. Offene Teile erlauben dem Klienten, sich selbst auf kreative Weise einzubringen und auszudrücken, was ihm wichtig ist.

Welcher von beiden Aspekten betont wird, hängt von folgenden Faktoren ab: von der Art und Weise wie das Individuum (Paar, Familie) selbst an das Problem herangeht, von der Persönlichkeit der Klienten, von den vorigen Erfahrungen in der Therapie (sind Veränderungen bisher nur schwerfällig oder leicht vorangegangen) und davon wie groß der Widerstand ist.
Van der Hart (1983) empfiehlt die Separations- und Reinkorporationsriten eher geschlossen und die Schwellenriten eher offen zu gestalten.

13. Die Konstruktion von Ritualen für die Therapie - ein Leitfaden

Zeit und Raum:

Der Zeitpunkt, zu dem ein Ritual beginnen soll, muß *immer festgelegt* sein, denn er markiert, daß nun etwas von der alltäglichen Gewohnheit verschiedenes stattfinden wird. Er kann entweder durch eine feste Uhrzeit (Datum), durch eine einführende Symbolhandlung (z.B. eine bestimmte Kleidung tragen) oder durch bestimmte Ereignisse (z.B. Auftreten des Symptoms) angezeigt werden. Bei Übergangsritualen, die sich aus verschiedenen Ritualtypen zusammensetzen, müssen die *Schnittpunkte zwischen den Phasen genau definiert* werden (z.B. Beginn der Reintegrationsphase).

Rituale können einmalig oder regelmäßig durchgeführt werden. Für Übergänge von einem Lebenszyklus in den anderen genügt es, das Übergangsritual einmalig anzuwenden. Bei Problemen der Homöostase eines Systems, also solche, die mit Regeln (in einer Familie), bzw. den Konflikten bei deren Nichteinhaltung, zu tun haben, sind wiederholte oder regelmäßige Rituale angebracht (Lange & van der Hart, 1985).

Daß die *Dauer des Rituals* durch den Therapeuten *begrenzt* wird, ist ein weiterer zentraler therapeutischer Aspekt, denn nur so ist gewährleistet, daß sich die Teilnehmenden auf den Ritualinhalt einlassen können. Die Gewißheit, daß diese besondere Zeit auch ein Ende hat, reduziert die Angst davor, Neues zuzulassen und auszuprobieren. Besonders bei häufig wiederholten Ritualen erleichtert die Begrenzung die Integration des Rituals in den Alltag. Außerdem gewährleistet eine festgelegte Zeit, daß das Ritual nicht nur aus einem bestimmten Gefühl heraus geschieht (z.B. daß gemeinsame Familienmahlzeiten nur dann stattfinden, wenn gerade eine harmonische Stimmung in der Familie herrscht oder daß ein Abschiedsbrief nur in sentimentalen Momenten weitergeschrieben wird).

Für die Wahl des *Ritualortes* gilt ähnliches wie für die Ritualzeit. Der Ort kann entweder festgelegt oder vom Klienten spontan bestimmt werden (z.B. im Haus, im Garten, im Wald), er kann durch Symbole festgelegt sein (z.B. kleiner Altar, Bild an der Wand, unter einem Baum im Garten, Lieblingsplatz), er kann aber auch im Therapiezimmer liegen. Whiting (1993) empfiehlt dies, wenn die "..tatsächliche Durchführung des Rituals [...] während der Sitzung wahrscheinlicher ist, als zuhause..", wenn "..es wichtig ist, beim Ritual einen Zeugen zu haben, um Elemente der Bestätigung und Plausibilität einzuführen..", wenn "..die Therapie per se stark ritualisiert ist.." und wenn "..starke Reaktionen auf das Ritual einen 'sicheren' Ort unumgänglich machen" (S. 129). Auch wenn die Rituale die therapeutische Beziehung betreffen (z.B. Abschied aus der Therapie), ist es unter Umständen sinnvoll, das Ritual am Therapieort abzuhalten.

Verschreibung oder Vereinbarung?

Mit vielen Klienten kann das Ritual gemeinsam entworfen werden und sollte möglichst die Form einer Vereinbarung haben. In manchen Fällen ist es aber nötig, daß der Therapeut das Ritual verschreibt (z.B. bei Kindern, bei stark depressiven Klienten, bei Familien mit hohem Konflikt- und Widerstandspotential, bei phantasielosen und gehemmten Klienten). Wichtig ist es in jedem Fall, auf die korrekte Ausführung und die innere Disziplin der Beteiligten zu achten und dabei dennoch den Klienten zu vermitteln, daß die therapeutischen Rituale freiwillig sind und nach einer gewissen Zeit, falls sie nicht tragen oder nicht mehr nötig sein sollten, wieder abgesetzt werden können. Für viele Klienten wird erfahrungsgemäß die eigenverantwortliche Weiterführung des Rituals oder das Erfinden von neuen eine wichtige und liebgewonnene Sache.

Effektivität:

Die Stärke und Dauerhaftigkeit der Veränderung läßt sich sicherstellen, indem der Therapeut die Integration der Veränderung in den Alltag sorgfältig supervidiert und gegebenenfalls durch zusätzliche Interventionen unterstützt (z.B. neue Verhaltensmuster üben, neue Kontakte anregen, die Klienten mit möglichen Rückfällen konfrontieren und auf das Umgehen damit vorbereiten).
Es empfiehlt sich immer, ein *Symbol der Erneuerung* einzuführen und aufrechtzuerhalten (z.B. einen eingeschmolzenen Ehering als goldene Wanderschuhe an der Halskette tragen (van der Hart, 1983)).

Konkrete Durchführung verschiedener Rituale

Trennungsrituale

1. Leitfragen:
   Von wem oder was muß sich der Klient verabschieden? Liegen hinter dem aktuellen Problem andere, vielleicht weit zurückliegende, unbewältigte Trennungserfahrungen? Von welchen damit zusammenhängenden Wünschen, Illusionen, Ideologien und Hoffnungen muß sich der Klient ebenfalls trennen?

2. Symbole:
   Hochzeitsringe, Briefe, Möbelstücke, Geschenke, Photos, Kleidung usw., die für den Klienten das symbolisieren, was er verloren hat, bzw. loslassen muß.
3. Symbolhandlungen:
   Bei den Symbolhandlungen wird meist schrittweise vorgegangen. Ziel der Symbolhandlungen ist es, daß der Klient weniger negative Gefühle gegenüber und Gedanken an das Verlorene hegt und Abschied von seinen Trennungsschmerzen nimmt. Durch die fortschreitende Transformation der Symbole auf verschiedenen Ebenen erhöht sich die Distanz zum Verlustobjekt und damit verändert sich auch die Qualität der Gefühle und Gedanken, so daß sie mehr positive und weniger schmerzhafte Anteile enthalten.
   Die verschiedenen Transformationsebenen werden in der Therapie individuell festgelegt. Unsere Zuordnung der Symbolhandlungen zu den verschiedenen Ebenen ist nicht bindend und kann variiert werden.

   Transformationsebene I: Eheringe einschmelzen lassen; Abschiedsbriefe schreiben, Symbole in Ton 'eintöpfern', Kuchen oder Brot backen; Photos zerreißen oder begraben; Symbole einfrieren; Geschenke und persönliche Gegenstände aussortieren.

   Transformationsebene II: Aus den eingeschmolzenen Eheringen etwas Neues gießen lassen; Photoschnipsel verbrennen; eingefrorene Symbole auftauen; Abschiedsbrief abschicken, zerreißen oder verbrennen; Tongefäße begraben; Geschenke zurückgeben oder für einen guten Zweck spenden; Kleider und Gegenstände beerdigen oder entsorgen.

   Transformationsebene III: Asche ausstreuen, aufgetaute Symbole am Ballon in die Luft steigen lassen.

4. Mögliche Probleme:
   Ein zu drastischer Abschied wird u.U. anschließend bedauert, bereut oder nicht innerlich mitvollzogen. Er kann beim Klienten Schuldgefühle hervorrufen oder anderen Menschen in seiner Umgebung wehtun (z.B. den Kindern). Es ist deshalb wichtig, nicht zu schnell zu weit zu gehen und vor allem bei instabilen Menschen Alternativen in Betracht zu ziehen (z.B. drei Versionen eines Abschiedsbriefes anfertigen lassen und nur eine zensierte Version tatsächlich abschicken; von mehreren Symbolen eines behalten und

die anderen weggeben; Symbol in eine Kassette einschließen und den Schlüssel wegwerfen).

Klienten erlauben sich nicht immer das ganze Spektrum ihrer Trauergefühle zuzulassen, dann muß der Therapeut sie darauf hinweisen und auf ihren Ausdruck in den Symbolhandlungen bestehen.

Manche Klienten verharren auch innerhalb der Therapie zu lange in der Trauerphase, so daß der Therapeut das Ende dieser Phase einleiten muß.

Schwellenrituale

1. Leitfragen:
Zwischen welchen 'Welten' befindet sich der Klient? Wie könnte der angestrebte neue Zustand aussehen? Wie kann die Schwelle metaphorisch ausgedrückt werden? Welche Möglichkeiten gibt es, diese Schwelle zu überschreiten? Ist es nötig, den Klienten für die Zeit des Übergangs vom Alltag zu befreien und welche Möglichkeiten gibt es dafür (Krankschreibung, Isolation, Askese, Urlaub, Ortswechsel)?

2. Symbole:
Es werden sogenannte *flüssige Symbole* (van der Hart, 1983) verwendet, die mehrere, oft ambivalente Bedeutungen haben und die sowohl den alten, als auch den neuen Zustand symbolisieren (z.B. Erde für Zerfall und Wachstum, Feuer für Zerstörung, Reinigung und Wärme, Flamme für Vergangenheit und Zukunft, Medizin für Krankheit und Gesundheit).

3. Symbolhandlungen:
Das Ritual besteht aus dem Überschreiten der Schwelle, die als Metapher für das Problem und seine Lösung steht (z.B. Türschwelle überschreiten, Fluß durchqueren, über eine Brücke oder durch ein Tor gehen, über einen Berg oder eine Mauer steigen). Nach der Schwellenüberschreitung folgt eine Reinigung, die das Ende der Schwellenphase markiert und den Klienten auf den Neuanfang vorbereitet (z.B. ein Bad nehmen, Kleider und Wohnraum reinigen).

Rückführungsrituale

1. Leitfragen:
Welche Anforderungen stellt die neue Situation? Welche Kompetenzen fehlen dem Klienten eventuell noch? Gibt es ambivalente Gefühle bezüglich der Schwellenüberschreitung? Bei Paaren: Ist die Kommunikation zwischen den Partnern paradox oder kongruent?

2. Symbole:
   Neue Kleidung, Haarschnitt, Schmuck, Festessen, Feier, transformierte Symbole aus der Trennungsphase
3. Symbolhandlungen:
   Der Neubeginn muß einen genauen Punkt haben, daher wird die Zeit der Ritualhandlung genau festgelegt. Wenn ambivalente Gefühle oder paradoxe Kommunikation unter Partnern vorliegen, werden u.U. paradoxe Rituale verschrieben (z.B. Abschiedsessen für ein Paar, das zusammenbleibt).

Kompakte Übergangsrituale

Bei umschriebenen, akuten Übergangskrisen in Familien werden kompakte Übergangsrituale durchgeführt. Van der Hart (1983) empfiehlt, dabei nicht nach den Phasen van Genneps, sondern anhand folgender grober Leitlinien vorzugehen:

- Ein Schlüsselsymbol wird bestimmt, das transformiert werden soll.
- Das Ritual enthält ein kongruentes Lernelement und eine paradoxe Verschreibung.
- Dem Ritual wird ein dramatisches und ernstes Element zugeordnet (z.B. Prozession, Dankesrede, Überreichung eines Geschenks).

Darüberhinaus ist der Therapeut mit seiner Kreativität gefordert.

Kontinuitätsrituale

Hier sind die bereits vorhandenen, bzw. fehlenden Familienrituale der strategische Anknüpfungspunkt, um ein bestehendes Paar- oder Familiensystem zu stabilisieren. Bestehende oder auch fehlende Familienrituale gelten als symptomatisch und ihre Veränderung ist die Lösung für die zugrundeliegende Familienproblematik. *Telectic rites** [12] (vgl. van der Hart, 1983) markieren kleine, alltägliche Übergänge von einer Situation in die andere (z.B. Begrüßung, Einschlafen). Intensivierungsrituale (*intensification rites,* vgl. van der Hart, 1983) demonstrieren die Stabilität und Kontinuität einer Familie (z.B. Familienmahlzeit).

1. Leitfragen:
   Gibt es Probleme mit bereits bestehenden Familienritualen (z.B. Eß- oder Einschlafverhalten eines der Kinder)? Stehen Familienrituale im Zusammenhang

---

[12] Zum Begriff *telectic,* vgl. S. 31

mit einem Zwang? Fehlen wichtige Familienrituale (z.B. gemeinsame Mahlzeiten, Geburtstag)? Welche Familienproblematik drückt sich in einem unbefriedigenden oder fehlenden Ritual aus? Zu welchem Zeitpunkt in der Biographie der Familie wurden Rituale/Traditionen unterbrochen oder aufgegeben? In welcher Phase des Lebenszyklus befindet sich die Familie? Welche Rituale könnten eventuell wieder belebt werden (Ressourcen)?

2. Symbole:
Ideosynkratische Symbole (vgl. oben). Oft sind auch Kinder betroffen (z.B. bei Einschlafproblemen): hier werden ebenfalls ideosynkratische Symbole verwendet (z.B. Stofftiere, Lieblingspuppe) und evtl. ergänzend neue eingeführt (z.B. Krafttiere, Kraftsteine). Da Kinder noch sehr offen für magische Elemente sind, ist es leicht den Symbolen sehr große (Zauber)kräfte zuzuschreiben (z.B. Teddybär, der böse Träume vertreibt; Stoffbär, der alle Schmerzen übernehmen und aushalten kann; Krafttier, das Zauberkräfte überträgt).

3. Symbolhandlungen:
Intensivierungsrituale (z.B. für Paare mit stark asymmetrischen Beziehungen) können in rituellem Geben und Nehmen bestehen. Bei Geschenken und Liebesdiensten ist der symbolische und ideelle Wert entscheidender als der materielle. Weitere Beispiele sind Familienmahlzeiten, Festessen, Familienfeiern, gemeinsamer Wochenendausflug, zweite Hochzeitsreise.
In *Telectic rites* sind die Symbolhandlungen z.B. Begrüßungs-, Abschiedskuß, Begrüßungs-, Abschiedsworte, Willkommensgesten, Einschlafrituale.
Als Symbolhandlungen kann auch rigides, bzw. symptomatisches Verhalten (z.B. ein Zwang) aufgegriffen, positiv umgedeutet und in den Rahmen des Rituals eingebaut werden (vgl. Signer-Fischer, 1993). Manchmal bietet es sich vielleicht auch an, die Symbolhandlungen im Sinne von *Ordeals* (vgl. Haley) festzulegen.

4. Mögliche Probleme:
Klienten begreifen die korrigierten oder neuen Rituale nur als Hausaufgabe und vollziehen sie ohne sie innerlich zu verankern. Der Therapeut wirkt dem entgegen, indem er aufklärt, motiviert und eine längere Integrations- und Katamnesephase anschließt.

Trance-Rituale

Die oben beschriebenen Ritualtypen konzentrieren sich in ihrer Zielsetzung stark auf die kognitive und emotionale Verarbeitung von Problemen auf der Symbolebene und auf die Veränderung von Interaktionsqualitäten und -quantitäten in

13. Die Konstruktion von Ritualen für die Therapie - ein Leitfaden

Systemen. Tranceriruale knüpfen darüberhinaus oder auch ausschließlich an andere Bereiche des menschlichen Erlebens an. Die Trommel-Tanz-Rituale, zum Beispiel, verändern durch repetetive Stimulationsmuster den physiologischen Zustand der Teilnehmenden und rufen über eine Harmonisierung der körperinternen Systeme Gefühle der Entspannung, der Ausgeglichenheit, extrem positive Gefühle bis hin zur Ekstase, sowie eine veränderte Selbst- und Umweltwahrnehmung sowohl im Individuum, als auch in der Gruppe hervor (vgl. Teil II).*[13] In dem veränderten Bewußtseinszustand vollziehen die Klienten symbolische Handlungen, in denen sie sich und ihre Probleme ausdrücken und durch die sie geheilt werden können. Die Musiktherapie arbeitet unter anderem auch mit Musik (z.B. Gongs, Trommeln) in Ritualen (z.B. in der Therapie mit Kindern, vgl. Beer, 1990). Diese stellen natürlich einige Anforderungen an die musikalischen Fähigkeiten des Therapeuten und es ist unter Umständen sinnvoll, sie in Kooperation mit ausgebildeten Musiktherapeuten durchzuführen. Wir verzichten daher auch darauf, Regeln für ihre Durchführung aufzustellen und verweisen auf die Literatur aus dem musiktherapeutischen Bereich (z.B. Zeitschrift *Music Therapy* 1985 u.1990, Roger Cotte, 1992).

Die Hypnotherapie arbeitet mit einer Kombination aus Tranceritualen und den üblichen familientherapeutischen Ritualen: Die Trance wird durch Hypnose, nicht durch Tanzen und Trommeln, hervorgerufen. Die Durchführung dieser Trance-rituale verlangt von den Therapeuten selbstverständlich eine fundierte Fähigkeit zur Tranceinduktion, also z.B. eine hypnotherapeutische Ausbildung. Ansonsten kann einem Leitfaden für die Konstruktion von systemtherapeutischen Ritualen gefolgt werden, wie wir ihn oben beschrieben haben.

Psychoaktive Substanzen sind eine weitere Möglichkeit, Trance zu induzieren. Dies ist allerdings in unserer Psychotherapie im Moment nicht erlaubt (siehe dazu: Samuel Widmer, 1989; Stanislaf Grof, 1983, Hanscarl Leuner, 1974; Christian Rätsch, 1992)

---

[13] Diese Rituale wirken außerdem anhand von physiologischen Veränderungen angstreduzierend und kathartisch, und sind in diesem Sinne vergleichbar mit den verhaltenstherapeutischen Desensibilisierungstechniken. In der Trauertherapie wird manchmal Desensibilisierung als Alternative zu Abschiedsritualen verwendet (Dormaar, in: van der Hart, 1982)

13. Die Konstruktion von Ritualen für die Therapie - ein Leitfaden

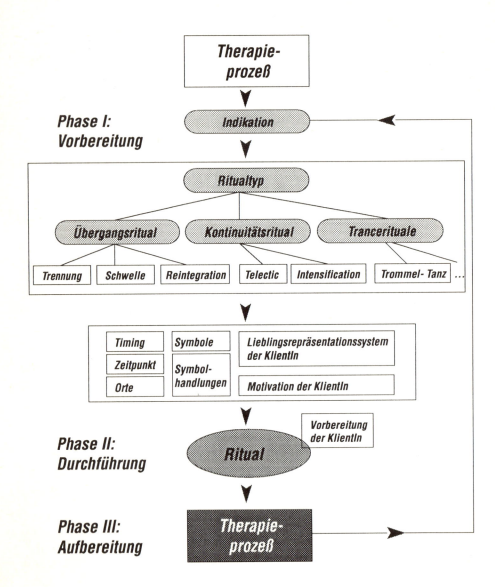

Abb.6: Konstruktion eines therapeutischen Rituals.

Das ist alles, was ist,
Der Pfad endet,
Mitten in Petersilie.

(Japanisches Sprichwort)

Literatur

Achterberg, Jeanne. (1993). Rituale sind die Wegweiser der Heilung. In: Psychologie Heute, Heft 9.

Andritzky, Walter. (1988). Wahrsagen und Lebensberatung: Ethnopsychologische Aspekte des Koka–Orakels in Peru. In: Curare, 11 (2): 97–118.

Andritzky, Walter. (1989a). Sociopsychotherapeutic Functions of Ayahuasca Healing in Amazonia. In: Journal of Psychoactive Drugs. 21 (1): 77–89.

Andritzky, Walter. (1989b). Kulturvergleichende Psychotherapieforschung. Inhalte, praktische Relevanz und Methodenprobleme einer künftigen psychologischen Disziplin. Sonderdruck der Zeitschrift Integrative Therapie, Paderborn: Junfermann-Verlag.

Andritzky, Walter. (1990). Konzepte für eine Kulturvergleichende Therapieforschung. Problem der Effektivität, der Vergleichbarkeit und Übertragbarkeit ethnischer Heilmethoden. In: Andritzky, W. (Hg.) Jahrbuch für Transkulturelle Medizin und Psychotherapie 1991.

Andritzky, Walter. (1992). Ethnotherapie, Gesundheitssystem und biopsychosoziales Paradigma. Eine Evaluation des mesa–Rituals (Nordperu). In: Ethnopsychologische Mitteilungen 1 (2): 103–129.

Barz, Ellynor. (1988). Selbstbegegnung im Spiel. Einführung in das Psychodrama. Zürich: Kreuz–Verlag.

Beer, Laura. (1990). Music Therapy: Sounding your Myth. In: Music Therapy. 9: 35–43.

Bell, Catherine. (1992). Ritual Theory. Ritual Practice. New York: Oxford University Press.

Bergheim, Hanna. (1980). Magisches Denken, das mit Objekten verbunden ist, bei Kindern und bei sogenannten Primitiven. Diplomarbeit. Saarbrücken: Psychologische Fakultät.

Boesch, Ernst E. (1975) Zwischen Angst und Trimuph. Bern, Stuttgart, Wien: Huber–Verlag.

Boesch, Ernst E. (1980). Kultur und Handlung. Bern, Stuttgart, Wien: Huber–Verlag

Boesch, Ernst E. (1982). Ritual und Psychotherapie. In: Zeitschrift für Klinische Psychologie und Psychotherapie. 30 (39): 214–234.

Boesch, Ernst E. (1983). Das Magische und das Schöne. Frommann–Verlag.

Boesch, Ernst E. (1991). Symbolic Action Theory and Cultural Psychology. Springer–Verlag.

Büttner, Christian. (1985). Zauber, Magie und Rituale. Pädagogische Botschaften in Märchen und Mythen. Kösel–Verlag.

Campbell, Joseph. (1991). Lebendiger Mythos. München: Goldmann–Verlag.

Canacakis, Jorgos. (1987). Lebendige Rituale und Kunstmedien als Trauertherapie. In: Integrative Therapie. 13 (2–3): 234–244.

Canacakis, Jorgos. (1990). Ich sehe deine Tränen. Trauern, Klagen, Leben können. Stuttgart: Kreuz–Verlag.

Carson, R.; **Butcher,** J.; **Coleman,** J.C. (1988). Abnormal Psychology and Modern Life. Glenview/Ill.: Scott, Foresman & Co.

Corder, Billie F.; et al. (1981). Structured Techniques for Handling Loss and Addition of Members in Adolescent Psychotherapy Groups. In. Journal of Early Adolescence. 1 (4): 413–421.

Cotte, Roger; (1992). Kosmische Harmonien. Die Symbolik in der Musik. München: Diederichs–Verlag.

Cox, Richard H. (1989). Symbols and Rituals in Brief Psychotherapy. In: Individual Psychology Journal of Adlerian Theory

Crapanzano, Vincent. (1981). The Hamadsha. An ethnopsychiatric Investigation in Morocco. Stuttgart: Klett–Cotta.

Csordas, Thomas J. (1990). The Psychotherapy Analogy and Charasmatic Healing. Special Issue: Psychotherapy and Religion. In: Psychotherapy. 27 (1): 79–90.

D'Aquili, E.G.; **Laughlin,** C.D.; **McManus,** G. (1979). The Spectrum of Ritual. A Biogenetic Structural Analysis. New York: Columbia Universal Press.

Dorsch, F. ; **Häcker,** H.; **Stapf,** K.-H. (Hrsg.). (1987). Dorsch Psychologisches Wörterbuch. 11., ergänzte Auflage. Bern/Stuttgart/Toronto: Verlag Hans Huber.

Duerr, Hans–Peter, Hrsg. (1985). Der Wissenschaftler und das Irrationale. Band I–IV. Frankfurt/Main: Syndikat.

Eliade, Mircea. (1984). Das Heilige und das Profane. Vom Wesen des Religiösen. Frankfurt: Insel–Verlag.

Eliade, Mircea. (1986). Ewige Bilder und Sinnbilder. Über die magisch–religiöse Symbolik. Frankfurt: Insel–Verlag.

Erikson, Erik H. in: Loewenstein, Newman, Schur & Solnit. (1966). Psychoanalysis – A general Psychology. New York: Hallmark Press.

Figge, Horst, H. (1973). Sarava Umbanda. Psychologische Untersuchung einer brasilianischen Religion. Dissertation, Philosophische Fakultät, Freiburg. 11.2.1972.

Frank, Jerome D. (1974). Common Features of Psychotherapies and their patients. In: Psychotherapy and Psychosomatics. 24 (4–6): 368–371.

Frank, Jerome D. (1981). Die Heiler. Wirkungsweisen psychotherapeutischer Beeinflussung. Vom Schamanismus bis zu den modernen Therapien. Stuttgart: Klett–Cotta.

Freud, Siegmund. (1912/13) Totem und Tabu. einige Übereinstimmungen im seelenleben der Wilden und Neurotiker. Ges. Werke Bd. 9. Frankfurt: Fischer–Verlag.

Geertz, Clifford. (1973): The Interpretation of Cultures. New York: Basic Books.

Grimes, Ronald L. (1982). Beginnings in Ritual Studies. New York: University Press of America.

Gutheil, Irene A. (1993). Rituals and Termination Procedures. In: Smith College Studies in Social Work. 63 (2): 163–176.

Haley, Jay. (1984). Ordeal Therapy. New York: Jossey Bass Inc.

Hammerschlag, Carl A.. (1992). The Theft of the Spirit. A Journey to Spiritual Healing. New York: Fireside.

Hauschild, Thomas. (1979). Sind Heilrituale dasselbe wie Psychotherapien? Kritik einer ethnomedizinischen Denkgewohnheit am Beispiel des süditalienischen Heilrituals gegen den bösen Blick. In: Curare, 2 (4):241–256.

Herringer, Catherine (1993). Die Kraft der Rituale. Macht und Magie unbewußter Botschaften im Alltag. München: Heyne–Verlag.

Herschbach, Peter. (1988). Psychotherapieforschung in der Krise – Was können wir von primitiven Heilern lernen? In: GwG Zeitschrift, 70: 33–37.

Hillman, James. (1983). Am Anfang war das Bild. München

Hillman, James; **Ventura,** Michael. (1993). Hundert Jahre Psychotherapie – und der Welt geht's immer schlechter. Düsseldorf: Walter–Verlag.

Hoffmann, Kaye. (1993). Trance und Tanz. Neue Wege in Selbsterfahrung und Therapie. München: Kösel–Verlag.

Huizinga, Johan. (1956). Homo Ludens. Vom Ursprung der Kultur im Spiel. Hamburg: Rowohlt.

Imber–Black, Evan. (1990). Rituale des Heilens und des Feierns. In: System Familie. 3 (4): 237–250.

Imber-Black, Evan; **Roberts,** Janine; **Whiting,** Richard A. (1993). Rituale. Rituale in Familien und Familientherapie.Heidelberg: Carl-Auer-Systeme.
Jacobi, Jolande. (1993). Die Psychologie von C.G. Jung. Eine Einführung in das Gesamtwerk. Frankfurt: Fischer-Verlag
Jilek, G.W. (1982). Indian Healing. Hancock House.
Jung, Carl Gustav (Hrsg.). (1985). Der Mensch und seine Symbole. Sonderausgabe. Olten, Freiburg/Br.: Walter-Verlag.
Jung, Carl Gustav. (1986). Bewußtes und Unbewußtes. Fischer-Verlag.
Kafka, John-S. (1991). Jenseits des Realitätsprinzips. Multiple Realitäten in Klinik und Theorie der Psychoanalyse. Heidelberg: Springer-Verlag.
Kaufmann, Rudolf; **Krahe-Bögner,** Mona. (1983). Konstruktive Aggressionsrituale in der Therapie mit Familien. In: Brunner, Ewald J. Eine ganz alltägliche Familie. Beispiele aus der Familientherapeutischen Praxis. Kösel-Verlag. S.132-144.
Klosinski, Gunther. (1991). Pubertätsriten. Äquivalente und Defizite in unserer Gesellschaft. Huber-Verlag.
Kraft, Hartmut. (1990). Die Rituale der Initiation in Schamanismus und Psychotherapie/Psychoanalyse. In: Praxis der Psychotherapie und Psychosomatik. 35 (5): 254-262.
Kraft, Hartmuth. (1992). Initiation als aktuelles Motiv – eine vergleichende Studie über Schamanismus, Kunst und Psychotherapie/Psychoanalyse. In: Musik-, Tanz- und Kunsttherapie. 3 (1): 41-48.
Kriz, Jürgen. (1989). Grundkonzepte der Psychotherapie. Eine Einführung. München: Psychologie-Verlagsunion.
Lander, Hilda-Maria; **Zohner,** Maria-Regina. (1992). Trauer und Abschied. Ritual und Tanz für die Arbeit mit Gruppen. Matthias-Grünewald-Verlag
Lange, Alfred; **van der Hart,** Onno. (1985). Directive Family Therapy. New York: Brunner/Mazel Publishers.
Lenk, Hans. (1988). Läßt sich Trauer "abarbeiten"? In: Universitas. 43 (11): 1165-1171.
Leontjew, A. N. (1973). Probleme der Entwicklung des Psychischen. Frankfurt.
Leuner, Hanscarl; (Fratzen und Masken in der toxischen Halluzinose, in: Psychopathologie und bildnerischer Ausdruck. Basel: (Hrsg. v. Sandoz).
Leutz, Grete. (1974). Psychodrama – Theorie und Praxis. Heidelberg: Springer-Verlag
Lindinger, Helge. (1988). Freud, Fromm, Jung und die Religion. In: Wege zum Menschen. 40 (6): 342-352.

Luczak, Hania. (1995). Hypnose. Die Macht des verborgenen Ich. In: GEO. 2: 17–36.

Miltner, W.; **Birbaumer,** N.; **Gerber,** W.D. (1986). Verhaltensmedizin. Heidelberg: Springer-Verlag.

Müller, Anne. (1991). Die Metapher. Diplomarbeit. Tübingen: Fakultät für Sozial- und Verhaltenswissenschaften/Psychologisches Institut.

Müller, Lutz. (1984). Die Wiederkehr des Magischen. In: Psychologie Heute. 11 (9): 21–27.

Myerhoff, Barbara. (1984). Rites and Signs of Ripening: The Intertwining of Ritual and growing older. In: Kertzer, D. I. & Keith, J. (eds.). Age and Anthropological... .New York: Cornell University Press. S. 305–330.

Neumann, Erich. (1987). Die große Mutter. Eine Phänomenologie der weiblichen Gestaltung des Unbewußten. Sonderausgabe. Olten/Freiburg: Walter-Verlag.

O'Connor, John J. (1984). Strategic Individual Psychotherapy with Bulimic Women. In: Psychotherapy 21 (4): 491–499.

Oerter, R.; **Montada,** L. (1987). Entwicklungspsychologie. München/Weinheim: Psychologie-Verlagsunion.

Peat, David. F. (1989). Synchronizität. Die verborgene Ordnung. Bern, München: Scherz-Verlag

Perlmutter, Morton S.; **Sauer,** James M. (1986). Induction, Trance and Ritual in Family Mythologizing. In: Contemporary Family Therapy. An International Journal. 8 (1): 33–49

Peters, Larry. (1978). Psychotherapy in Tamang Shamanism. In: Ethos. 6 (2): 63–91

Petzold, Hilarion; **Ramin,** Gabriele. Hrsg. (1987). Schulen der Kinderpsychotherapie. Paderborn: Junfermann.

Piaget, J. & **Inhelder,** B. (1973). Die Psychologie des Kindes. Olten: Walter-Verlag.

Pickenhain, Lothar, (1989). Evolutionsgeschichtliche Vorraussetzungen tierischen und menschlichen Verhaltens. In: Schönpflug, Wolfgang. Bericht über den 36. Kongress der Deutschen Gesellschaft für Psychologie in Berlin 1988. Band 2. Hogrefe. S.324–332.

Rätsch, Christian (1992). Das Tor zu inneren Räumen. Südergellersen: Bruno Martin-Verlag.

Rando, Therese A. (1985). Creating Therapeutic Rituals in the Psychotherapy of the Bereaved. In: Psychotherapy. 22 (2): 236–240.

Rappaport, Herbert. (1977). Psychotherapy with Natural Groups: An Adaption of Pre–scienific Healing. In: Psychotherapy Theory, Research and Practice. 14 (2): 181–187.

Rappaport, R.A. (1971). Ritual sanctity and cybernetics. In: American Anthropologist 73 (1): 59–76.

Revenstorf, Dirk (1985). Nonverbale und Verbale Informationsverarbeitung als Grundlage psychotherapeutischer Intervention. In: Hypnose und Kognition. 2 (2): 13–35.

Revenstorf, Dirk (1990). Klinische Hypnose. Berlin Heidelberg: Springer–Verlag.

Richman, Naomi. (1985). Behavioral Methods in the Treatment of Sleep Disordered. In: Journal of Child Psychology and Psychiatry and Allied Disciplines.

Scategni, Wilma. (1994). Das Psychodrama. Zwischen alltäglicher und archetypischer Erfahrungswelt. Düsseldorf: Walter–Verlag.

Schaeppi–Freuler, Silvia. (1976). Zur Entwicklung frühkindlicher Ängste. Dissertation, Philosophische Fakultät, Zürich. 25.6.1976.

Scharfetter, C. (1983). Der Schamane – Das Urbild des Therapeuten. In: Praxis der Psychotherapie und Psychosomatik. 28 (2): 81–89.

Schömbucher–Kusterer, Elisabeth. (1994) II Fachtagung für Ethnopsychologie und Psychotherapie. Vortrag.

Schover, Leslie R. (1980). Clinical Practice and Scientific Psychology: Can this Marriage be Saved? In: Professional Psychology. 11 (2): 268–275.

Selvini–Palazzoli, Mara; et al. (1974). Family Rituals: A Powerful Tool in Family Therapy. In: Family Process. 16 (4): 445–454.

Signer–Fischer, Susy. (1993).Symbolhandlungen: Ritus oder Zwang? In: Mrochen, et al. Die Pupille des Bettnässers. Heidelberg: Carl–Auer–Systeme

Siroka, Robert W. (1978). From Drama to Psychodrama. In: Art Psychotherapy. 5 (1): 15–17

Stevens, Anthony. (1981). Attenuation of the mother–child bond and male initiation into adult life. In: Journal of Adolescence 4 (2): 131–148

Still, Günther. (1995) Das wahre zweite Mal. Unveröffentlichtes Manuskript. Tübingen

Turner, Victor. (1974). Dramas, Fields and Metaphors. Ithaka New York: Cornell University Press.

Turner, Victor.(1969b). Forms of Symbolic Action – Introduction. In: Spencer, R. F. (ed.). Forms of Symbolic Action.

Uccusic, Paul. (1991). Der Schamane in uns: Schamanismus als neue Selbsterfahrung. Genf: Ariston-Verlag

Ulich, Michaela. (1985). "Eene, meene, muh/raus bist du". Rituale und Freiräume im traditionellen Kinderspiel. In: Zeitschrift für Pädagogik. 31 (6): 735–746.

Van der Hart, Onno. (1982). Abschiednehmen. Abschiedsrituale in der Psychotherapie. Pfeiffer-Verlag.

Van der Hart, Onno. (1983). Rituals in Psychotherapy. Transition and Continuity. New York: Irvington Publishers Inc.

Van Gennep, Arnold. (1986, dt. Übers. der franz. Ausg. v. 1981, Orig. v. 1909). Übergangsriten. (Les rites de passage). Frankfurt/Main: Campus-Verlag.

Van Quekelberghe, Renaud. (1991). Klinische Ethnopsychologie. Heidelberg: Asanger-Verlag.

Van Quekelberghe, Renaud. (1994). II. Fachtagung für Ethnopsychologie und Psychotherapie. Vortrag.

Von Scheidt, Jürgen. (1980). Hilfen für das Unbewußte. Esoterische Wege der Selbsterfahrung. Pfeiffer-Verlag.

Weber, Martin. (1994) Wir basteln uns ein Ritual. In: Psychodrama. Frühjahr 1994.

Widmer, Samuel (1989). Ins Herz der Dinge lauschen. Solothurn: Nachtschatten-Verlag.

Wilber, Ken. (1984). Wege zum Selbst. München: Kösel-Verlag.

Winnicott, D.W. (1974). Vom Spiel zur Kreativität. Stuttgart: Klett-Cotta.

Wundt, Wilhelm. (1913). Völkerpsychologie. Leipzig: Kröner-Verlag.

Die Kraft der kreativen Imagination

Siegfried Lorenz

Wie das Erleben der inneren Bilder zu Wandlung und Heilung führt

ISBN 3-86135-023-8

Im VWB – Verlag für Wissenschaft und Bildung erscheint

Jahrbuch für Transkulturelle Medizin und Psychotherapie
Yearbook of Cross-Culturall Medicine and Psychotherapy
ISSN 0939-5806
herausgegeben von Dr. Walter Andritzky

Die Jahrbücher sind Organ des 1990 gegründeten *Internationalen Instituts für Kulturvergleichende Therapieforschung (IIKT e.V./Düsseldorf)* und seines wissenschaftlichen Beirates. Schwerpunkt der Reihe sind Beiträge zur Erforschung funktionaler und für das Gesundheitswesen praxisrelevanter Aspekte ethnischer und alternativer Medizinformen.

Ihr Studium gewinnt auch im Rahmen einer Reform der Gesundheitssysteme in Industrieländern zunehmend an Relevanz. Sie können im Einzelfall nicht nur kostengünstige Alternativen bereitstellen, sondern entsprechen vielfach modernsten Erkenntnissen eines medizinischen Paradigmas, das psychosoziale und psychosomatische Wirkfaktoren ins Zentrum präventiven und kurativen Handelns stellt. Hier gewinnt vor allem die Untersuchung komplexer Ritualabläufe, die psychophysiologische und psychotherapeutische Faktoren integrieren, an Bedeutung.

Noch bezeichnet der Titel der Jahrbuchreihe keine akademische Disziplin, sondern ein Programm und ein Konzept, das zu seiner Umsetzung der interdisziplinären Bemühungen von Medizin, Psychotherapieforschung, Ethnologie und weiterer Disziplinen der Gesundheitswissenschaften bedarf. Es unterstützt die Entwicklung eines transkulturell fundierten Paradigmas angewandter Gesundheitswissenschaften, das die (sub-)kulturelle Eigenständigkeit ethnischer und alternativer Methoden anerkennt, und basiert auf dem prophylaktisch und kurativ relevanten Erfahrungswissen vieler Kulturen und Heiltraditionen. Kulturvergleichende Therapieforschung bezeichnet damit auch einen Prozeß interkulturellen Lernens.

Wissenschaftlicher Beirat / Board of Editors

R. Anderson M.D., Mills College, Oakland • *Prof. Dr. M. Baumann*, Internationales Institut für Traditionelle Musik e.V., Berlin • *K.V. Bletzer*, Univ. of Miami, U.S.A. • *Dr. Antonio Bianchi*, Institute of International Economic Cooperation, Milano, Italia • *Prof.Dr. H.-J. Buchkremer*, Seminar für Allgemeine Heilpädagogik, Univ. zu Köln • *A. Cavender*, East Tennessee State Univ., Johnson City • *Th.J. Csordas* PhD, Case Western Reserve Univ., Cleveland, U.S.A. • *Prof. M. Dobkin de Rios* PhD, Medical Anthropology, California State Univ., Fullerton, U.S.A. • *Dr. D. Eigner*, Inst. f. Geschichte der Medizin, Univ. Wien • *K. Finkler* PhD, Univ. of North Carolina, U.S.A. • *D. Glik* PhD, Univ. of South Carolina, Columbia, U.S.A. • *Prof. M.S. Goldstein*, School of Public Health, UCLA, U.S.A. • *Prof.Dr. R.A. Mall*, Gesellschaft für Interkulturelle Philosophie e.V., Köln • *Prof.Dr. N. Ngokwey*, UNICEF, Cotonou, Benin • *Prof.Dr. R. van Quekelberghe*, Klinische Ethnopsychologie, Univ. Landau • *Prof.em. Dr.med. H. Schadewaldt*, Inst. f. Geschichte der Medizin, Univ. Düsseldorf • *Prof.Dr. H.J. Steingrüber*, Institut für Medizinische Psychologie, Univ. Düsseldorf • *Dr.med. M. Stöckl-Hinke*, Münster • *Prof.Dr.med. K.-D. Stumpfe*, FHS Düsseldorf • *Prof. R. Walsh*, Univ. of California, Irvine • *Prof.Dr. K. Walter*, World Research Foundation, Stuttgart • *Prof.Dr.med. R. Wiedersheim*, Krankenhaus Witten-Herdecke, Herdecke • *Prof. J. Wilbert* PhD, Anthropology, UCLA, U.S.A. • *Dr. M. Winkelman* PhD, Arizona State Univ., Tempe, U.S.A. • *R.D. Zanger* PhD, Albert Hofmann Foundation, Santa Monica

Jg./Vol. 1990: 208 Seiten • 1991 • ISBN 3-927408-60-3
Jg./Vol. 1991: 208 Seiten • 1992 • ISBN 3-927408-61-1

Jg./Vol. 1992: 428 Seiten • 1994 • ISBN 3-927408-90-5
Alternative Medizin und Psychotherapie/
Alternative Medicine and Psychotherapy

Jg./Vol. 1993: ISBN 3-927408-91-3
Ethnopsychotherapie / Ethnopsychotherapy

Jg./Vol. 1994: ISBN 3-927408-92-1
Trance, Besessenheit, Heilrituale und Psychotherapie
Trance, Possession, Healing Rituals, and Psychotherapy
Renaud van Quekelberghe & Dagmar Eigner (Hg./Eds.)

VWB – Verlag für Wissenschaft und Bildung, Amand Aglaster
Markgrafenstr. 67 • D-10969 Berlin • Postfach 11 03 68 • D-10833 Berlin
Tel. 030/251 04 15 • Fax 030/251 04 12